Japão

Mais do que qualquer outro país rico e complexo, o Japão tem o dom de nos surpreender. A vida frenética de seus habitantes, a estrutura social monolítica, a originalidade da indústria cultural, o gigantismo das empresas de tecnologia, as tradições arraigadas e as muitas e variadas subculturas em suas megalópoles pós-humanas deslumbram ou transtornam os estrangeiros, transformando-os em etnólogos embasbacados. Então não admira que desde tempos imemoriais inúmeros viajantes, entusiastas, repórteres e escritores tenham vertido rios de tinta a respeito desse país. A perplexidade não é um dos combustíveis da boa literatura? Palavras mais ou menos intraduzíveis, outrora decifradas pelos aficionados desse pequeno arquipélago, agora integram nosso repertório comum – *otaku, karōshi, sararīman, shokunin, gōkon* –, embora o Japão continue sendo um quebra-cabeça de resolução parcial, uma vez que seu desenho completo permanece um enigma. São inúmeras as histórias, fábulas e reflexões que compõem esse puzzle, como as apresentadas nesta antologia inevitavelmente subjetiva mas eclética: do culto aos ancestrais à cena musical de Tóquio, da alienação urbana ao cinema, do sumô à misoginia, entre outras. Suspenso entre uma população envelhecida e uma pós-modernidade extrema, entre oposição ao progresso e experimentação científica, o Japão é um ponto de observação ideal de onde se pode ver o mundo como ele é hoje e como será amanhã. Isto é, se embarcarmos nessa jornada sem nenhuma expectativa de desvendar o mistério, porque, como Brian Phillips nos lembra em «Viver como um japonês» (ver p. 99), «Algumas histórias japonesas terminam violentamente. Outras não terminam nunca: no momento mais crítico se detêm numa borboleta ou no vento ou na lua».

Âyiné

Sumário

Japão em números — 6

O caçador de mitos — Tania Palmieri — 8

O número — Matteo Battarra — 10

Os fantasmas do tsunami — Richard Lloyd Parry — 12
O devastador tsunami de 2011 renovou o culto aos ancestrais, a verdadeira
religião japonesa. Os sobreviventes ainda relatam aparições misteriosas
e casos perturbadores de possessão. Conhecemos o reverendo Kaneta,
que oferece auxílio espiritual aos possuídos e às almas sofredoras
que deles se apossam.

As mulheres «faça-você-mesma» — Ryōko Sekiguchi — 35
Não mais circunscritas ao papel de donas de casa e mergulhadas no mercado
de trabalho, agora muitas mulheres sonham com um retorno ao lar.

A (não mais tão) secreta seita que governa o Japão — Jake Adelstein — 45
Uma organização xintoísta com uma agenda monárquica, nacionalista
e revisionista opera à sombra do poder político. O ex-primeiro-ministro
Shinzō Abe e outros políticos proeminentes estão entre seus membros.

Por que não há populismo no Japão — Ian Buruma — 59
A análise otimista do Japão feita por Ian Buruma sugere que, apesar do
nacionalismo do ex-primeiro-ministro Shinzō Abe, o país permanece com
suas raízes na classe média, na qual ainda predomina certa harmonia social.

Um simples obrigada — Banana Yoshimoto — 67
A carta de amor de Banana Yoshimoto a Shimokitazawa, o bairro de Tóquio
onde ela morou por muitos anos, lhe dá a oportunidade de refletir sobre
suas memórias e as mudanças no Japão contemporâneo.

O declínio do desejo — Ryū Murakami — 79
A incapacidade de se emocionar, o desaparecimento do desejo e o
crescimento de casos de depressão são examinados por um dos principais
escritores japoneses, que se pergunta se tudo isso não seria causado pela
instabilidade socioeconômica.

Sobre ursos e homens — Cesare Alemanni — 86
Durante séculos os ainu, um povo antigo das ilhas Hokkaido, foram tachados
de «aberração pré-histórica» e têm sido vítimas de opressão. Depois de
conseguir resistir à assimilação graças à força de sua tradição, eles agora
estão sendo redescobertos.

Viver como um japonês — Brian Phillips 99

A jornada de um autor para acompanhar o campeonato mais importante do calendário de sumô se transforma em uma viagem ao passado à medida que ele vai ao encalço de um homem esquecido, protagonista de um caso impressionante de *seppuku* em 1970.

Sweet Bitter Blues — Amanda Petrusich 125

Por que os japoneses são tão loucos por blues? A resposta parece ter mais a ver com a natureza da cultura japonesa do que com o exotismo de um gênero musical marcadamente afro-americano.

Assunto de família — Giorgio Amitrano 147

Uma jornada cinemática sobre como as famílias são retratadas no cinema japonês. De jovens que tentam se livrar dos pais em obras-primas do pós-guerra de Yasujirō Ozu até a indiferença da sociedade contemporânea e famílias alternativas, embarcamos em uma jornada que desconstrói o mito da «típica» família japonesa.

Os evaporados — Léna Mauger 159

Desaparecer de repente e criar uma vida nova em outro lugar, deixando o passado para trás, é um fenômeno que remonta ao Japão feudal. Hoje dezenas de milhares de japoneses estão vivendo como fantasmas para fugir das dívidas.

O objeto icônico — Giacomo Donati 178
A obsessão nacional — Matteo Battarra 180
O fenômeno — Cesare Alemanni 182
Um autor recomenda — Hideo Furukawa 184
Uma playlist — Hideo Furukawa 188
Leitura complementar 190

As fotografias desta edição são de **Laura Liverani**, fotógrafa documental e docente universitária com passagem por várias instituições, como o instituto italiano ISIA, em Faenza; o National College of Art and Design, em Dublin; e a Middlesex University, em Londres. Morando entre a Itália e Tóquio, participou de diversos festivais internacionais, seja em Singapura, seja em Lodi, na Itália, ou Hyderabad, na Índia. Liverani recebeu o prêmio Voglino por sua pesquisa sobre a minoria ainu no Japão e suas fotos têm saído em publicações como *D – la Repubblica*; *Clothes for Humans,* da Benetton; *Marie Claire*; *The Washington Post* e *The Japan Times*. Organizou exposições individuais no Instituto Cultural Italiano em Tóquio, na G/P Gallery de Shigeo Goto, e no Fringe Club em Hong Kong.

Japão em números

HORA DE COMER

Tóquio tem mais restaurantes per capita do que qualquer outra cidade do mundo.

Restaurantes a cada 100 mil pessoas

Tóquio	**1.122**
Seul	806,4
Shenzen	781,7
San Francisco	493,4
Sydney	400,4
Los Angeles	361,5
Bruxelas	360,4
Roma	333,8
Paris	319,8
Toronto	304,4
Londres	289,4
Nova York	287,7
Taipei	261,3

FONTE: WORLD CITIES CULTURE FORUM

EM FORMA

Obesidade adulta (% da população) e ranking mundial

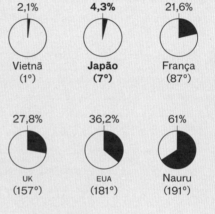

2,1%	**4,3%**	21,6%
Vietnã (1º)	**Japão (7º)**	França (87º)
27,8%	36,2%	61%
UK (157º)	EUA (181º)	Nauru (191º)

FONTE: CIA WORLD FACTBOOK

IGUALDADE DE GÊNERO

O Japão se encontra em 120º lugar no Relatório de Desigualdade de Gênero do Fórum Econômico Mundial.

Índice e ranking mundial

Japão	**0.656 (120º)**
Brasil	0.695 (93º)
UK	0.775 (23º)

Média mundial: 0.680

FONTE: FÓRUM ECONÔMICO MUNDIAL

DÍVIDA

O Japão é o segundo do mundo em dívidas públicas.

Dívida pública líquida como uma porcentagem do PIB

1. Venezuela ////////////////////// 350
2. **Japão** ▬▬▬▬▬▬▬▬▬▬▬▬ **266**
4. Grécia /////////////////// 206
6. Itália /////////////// 156
13. Espanha ////////////// 120
19. EUA //////////// 108
20. UK /////////// 100
44. Brasil //////// 76

FONTE: FMI

ESPAÇO PESSOAL

As cinco cidades mais lotadas do mundo.

Tóquio
(37,8 m)

Xangai
(34,8 m)

Jacarta
(31,6 m)

❹
Délhi
(26,4 m)

❺
Seul
(25,5 m)

FONTE: WIKIPÉDIA

PACÍFICO

1º

O Japão tem a taxa de assassinato mais baixa do mundo.

FONTE: ESCRITÓRIO DAS NAÇÕES UNIDAS SOBRE DROGAS E CRIMES

REI DAS FRUTAS

5

milhões de ienes (45.650 dólares/ 244.300,00 reais)

O preço de dois melões-reais Yūbari em um leilão em 2019; as frutas mais caras do mundo.

EXPECTATIVA DE VIDA

Mulheres
86,9 anos

81,5 anos
Homens

O Japão fica no alto do pódio mundial, o Reino Unido em 20º lugar, e o Brasil, em 67º.

FONTE: OMS

(SEM) TEMPO PARA DORMIR

O Japão fica em segundo lugar no mundo em horas de sono.

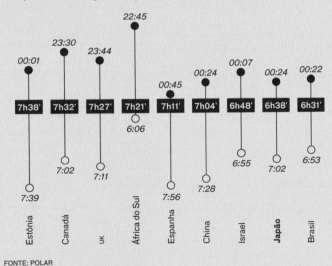

FONTE: POLAR

Japão em números

7

O caçador de mitos

1

«Os japoneses são distantes»

Todo mundo sabe que os japoneses se inclinam quando se cumprimentam. Abraços, beijos nas bochechas e apertos de mão causam embaraço, assim como demonstrações públicas de afeto entre casais. Estamos habituados a pensar que os japoneses são esquivos e incapazes de expressar sentimentos, e que o respeito pelo outro tem absoluta prioridade sobre as necessidades emocionais do indivíduo. Mas basta ligar a televisão para nos depararmos com um espetáculo de figuras públicas em crises incontroláveis de soluços. Políticos ou executivos choram ao se desculpar por algum delito, o time de beisebol choraminga quando perde um jogo e dançarinas de casas noturnas se emocionam ao lembrar da infância. Não chorar no casamento de uma amiga ou na formatura do filho é sinônimo de falsidade. No Japão, chorar em certas ocasiões é não apenas socialmente aceitável como obrigatório.

Derrubando estereótipos e clichês

TANIA PALMIERI

«O Japão é a terra da organização»

Ordem, simplicidade e elegância discreta são de lei quando invocamos o Japão, do minimalismo de um jardim zen à transitoriedade do *wabi-sabi*. Imaginamos torcedores de futebol recolhendo lixo dos estádios, crianças limpando o piso de suas salas de aula e flores frescas em banheiros públicos. Não raro esse senso de responsabilidade coletiva pela coisa pública costuma se contrapor a casas abarrotadas e desarrumadas. Mangás empilhados no corredor, roupas secando em varões de cortina, montes de lenços de papel ou sacos de arroz, panelas e utensílios em equilíbrio precário na cozinha. Uma família compartilha tudo, desde a água da banheira até os quartos, mas não as tarefas domésticas, que ainda cabem à mãe.

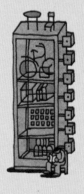

«Campeões da educação»

Omotenashi (hospitalidade) é a busca da harmonia por meio da compreensão das necessidades de um hóspede. Falar ao telefone no ônibus é proibido, pessoas doentes usam máscaras de proteção, motoristas de táxi se certificam de que seus passageiros estão confortáveis e itens perdidos são sempre devolvidos. Quanto mais distante a conexão entre as pessoas, maior a importância da cortesia. No entanto, há casos em que se espera um comportamento *descortês*. De acordo com a rigorosa hierarquia, é normal um administrador impor-se vigorosamente em relação à sua equipe, um cliente tratar um vendedor de forma superior ou um técnico ser cruel com seu time. Ser o objeto da *descortesia* é a confirmação máxima de pertecimento ao grupo.

O número

MATTEO BATTARRA

É engraçado – quase paradoxal – pensar que a média de idade dos japoneses (46 anos, a mais alta do mundo) é quase o dobro daquela de suas casas (27 anos, a mais baixa do mundo industrializado). É isso mesmo: a idade média das construções de Tóquio e de outras cidades japonesas é inferior a trinta anos. O número é surpreendente e difícil de associar a um dos países mais ricos do planeta, embora ele explique decisões políticas e o modo como a sociedade japonesa se desenvolveu.

Uma expectativa de vida útil tão baixa não significa que a maioria das casas do Japão foi mal construída. Esse «prazo de validade» é, na realidade, artificial. A partir do pós-guerra, para incentivar e manter saudável o setor de construção, o governo japonês estabeleceu o limite de trinta anos de vida útil para todas as construções: na prática, eles calcularam de trinta anos a idade média das casas que precisavam ser derrubadas ou adaptadas a novas regulamentações antissísmicas, então esse número se tornou o padrão nacional a cumprir (embora, naturalmente, a maioria dos prédios públicos e arranha-céus seja construído para durar mais).

No entanto, essa «lei da impermanência» não foi tanto um ato revolucionário quanto um reconhecimento de que o país tinha, ao longo da maior parte de sua história, usado madeira como principal matéria-prima e precisava levar em consideração os altos riscos de incêndios, sobretudo em grandes cidades, onde casas e lojas de madeira estavam próximas demais umas às outras. Tóquio, por exemplo, já foi repetidas vezes arrasada por terríveis incêndios, como em 1657 e 1923, depois do Grande Sismo de Kantō. Essa decisão também leva em conta a relação do Japão com a preservação de seu passado: o verdadeiro valor histórico e material de uma construção não jaz nas pedras de que é feita, mas em sua importância simbólica e geográfica. Um exemplo perfeito é o Santuário de Ise (o principal local sagrado xintoísta), que é derrubado e reconstruído a cada vinte anos. Como no caso de outros templos, essa é a única maneira de torná-lo de fato eterno e indestrutível – e, graças a esse processo,

27 anos

A média de idade da casa japonesa

técnicas artesanais de construção e trabalho com madeira podem ser preservados.

São vários os efeitos acarretados por essa tradição institucionalizada, alguns intencionais, outros involuntários. Entre os primeiros, o desenvolvimento e a prosperidade do setor de construção e da proverbial segurança sísmica das cidades. Já entre os segundos, um impacto sem dúvida positivo na criatividade dos arquitetos (uma expectativa de vida tão limitada dá a eles mais liberdade para experimentar métodos e ideias), tanto que a formação japonesa em arquitetura se tornou referência internacional. Ao mesmo tempo, fizeram-se sentir transformações radicais no mercado imobiliário: o valor de uma casa é quase sempre mais baixo do que o do terreno em que foi construída, então com frequência é mais barato demolir e reconstruir do que arcar com o custo da reforma e do cumprimento de novas normas. No entanto, esse processo aparentemente imutável está em vias de se abalar devido ao peso de uma população que está envelhecendo. Se, como os demógrafos acreditam, até 2040 um terço dos habitantes do país tiver mais

de 65 anos, a demanda por novas casas irá com certeza diminuir. Não bastasse, existe a crise econômica. Depois de décadas de recessão e estagnação, as novas gerações estão cada vez mais pobres do que as de seus pais, e, em parte devido à necessidade e em parte porque podem, os jovens japoneses estão descobrindo o charme de comprar casas antigas e reformá-las, enquanto grandes empresas, como a Daiwa House, enxergaram uma oportunidade de negócio e estão se envolvendo no setor. Então, após anos de governos promovendo a fragmentação da tradicional família estendida e incentivando os jovens a seguir o modelo norte-americano de família nuclear em casa geminada, é algo irônico que hoje autoridades municipais estejam contribuindo para a reconstrução do tecido social ao oferecer a jovens casais um incentivo para reformar a casa dos pais e continuar morando no mesmo bairro: «Não, não é antigo, meu bem, é ‹de época›».

Os fantasmas do tsunami

Aqui e nas páginas 18-19:
Muralhas de contenção de tsunami ao longo do litoral de Tōhoku, província de Miyagi; quando o projeto estiver completo, esses quebra-mares de concreto, de catorze metros de altura, se estenderão ao longo de cem quilômetros da costa.

O tsunami de 2011 renovou o culto aos ancestrais, a verdadeira religião japonesa. Os sobreviventes ainda relatam aparições misteriosas e casos perturbadores de possessão. O escritor britânico Richard Lloyd Parry visita o reverendo Kaneta, que lhes oferece auxílio espiritual, ouvindo suas histórias e as das almas sofredoras que se apossam de seus corpos.

RICHARD LLOYD PARRY

13

Conheci um sacerdote no norte do Japão que exorcizava espíritos de pessoas que tinham se afogado no tsunami. Os fantasmas só foram aparecer em grande número mais para o final do ano, mas o primeiro caso de possessão chegou ao reverendo Kaneta em menos de quinze dias. Ele era o o principal sacerdote de um templo zen na cidade de Kurihara. O terremoto de 11 de março de 2011 foi o mais violento que ele testemunhou – ele ou qualquer pessoa de seu conhecimento. As grandes vigas de madeira do salão do templo rangeram e envergaram. Energia elétrica, água encanada e linhas telefônicas ficaram interrompidas por dias; sem eletricidade, a população da pequena cidade, a cinquenta quilômetros da costa, tinha pouco acesso a informação: telespectadores do outro lado do mundo estavam muito mais bem informados. Se eles tinham uma ideia vaga do ocorrido, ela ficou bastante concreta quando as primeiras famílias, e depois uma enorme quantidade delas, começaram a chegar ao templo de Kaneta com cadáveres para enterrar.

Quase 20 mil pessoas tinham morrido de chofre. No intervalo de um mês, Kaneta realizou funerais para duzentas delas. Mais estarrecedor do que o número de mortos era o espetáculo dos sobreviventes enlutados. «Eles não choravam», Kaneta me contou um ano depois. «Não havia emoção alguma. A perda era muito profunda, e a morte tinha chegado de maneira muito repentina. Eles entendiam cada um dos fatos de sua situação – haviam perdido suas casas, perdido seu sustento e perdido suas famílias. Eles entendiam cada perda, mas não conseguiam ver a situação como um todo e não sabiam o que deviam fazer, por vezes nem sabiam onde estavam. Eu não conseguia conversar com eles de verdade, para ser honesto. Só me restou ficar junto deles, ler os sutras e conduzir as cerimônias. Era o que eu podia fazer.»

Em meio a esse entorpecimento e horror, Kaneta recebeu a visita de um conhecido, um construtor local que vou chamar de Takeshi Ono. Ono se sentia envergonhado do que havia acontecido e não queria que seu nome verdadeiro fosse publicado. «Ele é uma pessoa tão inocente», me disse Kaneta. «Leva tudo ao pé da letra. Você é da Inglaterra, não é? Ele é como o seu Mr. Bean.» Eu não teria ido tão longe, porque Ono não tinha nada de ridículo. Era um homem forte, atarracado, perto dos quarenta: um tipo de homem que fica mais à vontade usando macacão de trabalho. Mas tinha um ar cândido que dava à história ainda mais credibilidade.

No momento do terremoto ele estava trabalhando em uma obra. Atirou-se ao chão enquanto duraram os tremores; até seu caminhão sacudiu como se estivesse prestes a tombar. O caminho para casa, por ruas sem semáforos, foi apavorante, mas o estrago físico tinha sido curiosamente leve:

O escritor e jornalista **RICHARD LLOYD PARRY** trabalha em Tóquio como correspondente internacional do jornal *The Times*. Escreveu livros de narrativas de não ficção sobre a Indonésia, como *In the Time of Madness: Indonesia on the Edge of Chaos* (em inglês, Jonathan Cape, 2005), e sobre o Japão, como *Devoradores de sombras* (Três Estrelas, 2015), resultado de uma investigação de dez anos a respeito da misteriosa morte de uma jovem inglesa em Tóquio, além de *Ghosts of the Tsunami* (em inglês, Jonathan Cape, 2017), a respeito do assunto tratado neste artigo.

um ou outro poste pendendo, alguns muros tombados. Como proprietário de uma pequena construtora, ninguém estava tão devidamente equipado para lidar com as inconveniências práticas infligidas pelo terremoto. Ono passou os dias seguintes em meio a fogareiros de acampamento, geradores e galões de gasolina, prestando pouca atenção às notícias.

Mas, assim que as transmissões televisivas voltaram ao normal, era impossível não se inteirar do que havia acontecido. Ono viu e reviu a imagem, repetida à exaustão, da coluna de fumaça acima do reator nuclear e as gravações de celulares mostrando a onda negra a devorar portos, casas, shoppings, carros e seres humanos. Eram lugares que ele conhecia desde sempre, vilas de pescadores e praias logo aí, depois das colinas, a uma hora de distância de carro. A visão daquele aniquilamento lhe provocou um sentimento comum à época, mesmo entre aqueles diretamente afetados pelo desalojamento e pelo luto. Embora o que tivesse acontecido fosse inegável – a destruição de cidades e aldeias inteiras, o desaparecimento de uma multidão de pessoas –, aquilo era também inconcebível. Inconcebível e, de fato, absurdo. Insuportável, arrasador, incomensurável – mas também insensato, simplesmente.

«Minha vida voltou ao normal», ele me disse. «Eu tinha combustível, tinha um gerador de eletricidade, nenhum conhecido havia morrido nem se ferira. Eu mesmo não tinha visto o tsunami, não com meus próprios olhos, então sentia como se estivesse em uma espécie de sonho.»

Dez dias depois do desastre, Ono, sua mulher e sua mãe viúva pegaram o carro e foram ver de perto o que havia acontecido. Saíram de manhã de bom humor, pararam no caminho para fazer compras e chegaram à costa a tempo de almoçar. Na maior parte da jornada, o cenário era familiar: campos de arroz, aldeias de madeira e telhas, pontes sobre rios largos e lentos. Depois que subiram a colina, no entanto, começaram a cruzar cada vez mais com veículos de emergência, não apenas da polícia ou dos bombeiros, mas caminhões militares das Forças de Autodefesa do Japão. À medida que a estrada descia para a costa, a animação do grupo se dissolvia. E, antes que entendessem onde estavam, haviam entrado na área do tsunami.

De repente. Sem nenhuma advertência prévia, nenhum trecho que sinalizasse uma deteriorização progressiva. A onda investira com força total, se consumira e parara em um ponto tão definido quanto o alcance de uma maré alta. Acima dela, nada havia sido tocado; abaixo, nada estava como antes.

Nenhuma fotografia poderia dar conta. As imagens televisivas não foram capazes de transmitir a gravidade do desastre, o sentimento de estar em meio àquela devastação, cercado por ela de todos os lados. Ao descrever um cenário de guerra, costumamos falar de devastação «total». Mas até o bombardeio aéreo mais violento deixa intactos muros e fundações de construções incendiadas, assim como parques e matas, estradas e caminhos, campos e cemitérios. O tsunami não poupou nada, gerou justaposições surreais – nenhuma explosão conseguira chegar perto daqueles feitos. Ele arrancou florestas pelas raízes e as espalhou por quilômetros. Descolou o asfalto das estradas e o arremessou em largas tiras por toda parte. Extirpou casas de suas fundações e ergueu carros, caminhões, barcos e cadáveres até o alto de prédios.

A essa altura de seu relato, Ono hesitou em descrever em detalhes o que fez ou aonde foi. «Eu vi os destroços, eu vi o mar», ele disse. «Vi prédios arruinados pelo tsunami. Não eram só as coisas em si, mas a atmosfera. Era um lugar aonde eu costumava ir com bastante frequência. Foi um

«E foi então que as duas mulheres descreveram o que acontecera na noite anterior, depois dos telefonemas aos amigos. Ele havia ficado de quatro e se pusera a lamber os tatames e o futon e se contorcido como um bicho.»

choque brutal ver aquilo. E todos os policiais e soldados. É difícil descrever. Eu me senti em perigo. Meu primeiro sentimento foi que era terrível. O pensamento seguinte foi: ‹Isso é real?›.»

À noite, Ono, sua mulher e sua mãe foram jantar juntos como de costume. Ele lembra de ter bebido duas latas pequenas de cerveja. Depois, do nada, começou a telefonar para amigos. «Eu só ligava e dizia, ‹Oi, como é que você está?›, esse tipo de coisa», ele me disse. «Não que eu tivesse muita coisa a dizer. Não sei por quê, mas estava começando a me sentir muito sozinho.»

Quando Ono acordou na manhã seguinte, sua mulher já havia saído. Ele não tinha nenhuma obra programada e passou um dia de ócio em casa. Sua mãe entrava e saía agitada, parecia chateada, zangada até. Quando sua mulher voltou do escritório, ela também estava tensa. «Aconteceu alguma coisa?», perguntou Ono.

«Quero me divorciar de você!», respondeu ela.

«Divorciar? Como assim? Por quê?»

E foi então que as duas mulheres descreveram o que acontecera na noite anterior, depois dos telefonemas aos amigos. Ele havia ficado de quatro e se pusera a lamber os tatames e o futon e se contorcido como um bicho. A princípio riram nervosas daquela encenação, mas ficaram em silêncio quando ele começou a rosnar: «Vocês têm que morrer. Vocês têm que morrer. Todo mundo tem que morrer. Tudo tem que morrer e acabar». Diante da casa, havia um terreno baldio, e Ono correu até lá e ficou rolando na lama sem parar, como se estivesse sendo derrubado por uma onda, gritando: «Lá, é lá! Eles estão todos lá – olhem!». Então ele se levantou e caminhou em frente, dizendo: «Estou indo até vocês. Vou até aí», e então sua mulher lutou com ele para levá-lo para casa. As contorções e os gritos continuaram noite adentro, até que, por volta das cinco da manhã, Ono gritou: «Tem alguma coisa em cima de mim!». Depois desabou a dormir e caiu no sono.

«Minha mulher e minha mãe estavam muito nervosas e chateadas», ele falou. «Eu disse que sentia muito, é claro, mas não tinha a menor lembrança do que havia feito ou do motivo.»

Aquilo continuou por três noites. Na seguinte, quando escureceu, ele viu figuras passando em frente a sua casa: pais e filhos, um grupo de jovens amigos, um avô e uma criança. «Cobertos de lama, todos eles», contou. «Estavam a menos de cinco ou seis metros de distância e me encaravam, mas eu não sentia medo. Só pensei: ‹Por que estão com essas roupas enlameadas? Por que não se trocam? Vai ver que a máquina de lavar quebrou›. Pareciam pessoas que eu já havia encontrado ou visto em algum lugar. A cena tremulava, como num filme. Mas eu me sentia perfeitamente normal e achei que fossem pessoas comuns.»

Durante o dia, Ono se sentia letárgico e inerte. À noite ele se deitava, dormia pesado por dez minutos, depois acordava alerta e renovado como se tivessem se passado oito horas. Ele cambaleava ao andar, olhava feio para a mulher, para sua mãe, chegou a brandir uma faca. «Morram!», ele rosnava. «Todos estão mortos, morram também!»

Depois de três dias de súplicas de sua família, ele procurou o reverendo Kaneta no templo. «Seus olhos estavam baços», disse Kaneta. «Sabe quando uma pessoa deprimida toma remédio? Só de bater o olho vi que tinha alguma coisa errada.» Ono contou sobre a visita ao litoral, e sua mulher e sua mãe descreveram seu comportamento diário desde então. «O reverendo me olhava com atenção enquanto eu falava», Ono me disse, «e eu me dizia, de algum dentro de mim: ‹Não olhe para mim assim, seu desgraçado. Eu te odeio! Por que está olhando pra mim?›.»

Kaneta tomou a mão de Ono e o guiou pelo salão principal do templo. «Ele disse para eu me sentar. Eu estava fora de mim. Ainda me lembro daquela sensação forte de resistência. Mas parte de mim também estava aliviada – eu queria ser ajudado e acreditar no sacerdote. A parte de mim que ainda era eu queria ser salva.»

Kaneta bateu o tambor do templo ao entoar o «Sutra do Coração»:

Não há olhos, nem ouvidos, nem nariz, nem língua, nem corpo, nem mente. Não há cor, nem som, nem cheiro, nem sabor, nem tato, nem objeto da mente. Nada há desde o mundo da visão até o mundo da consciência. Não há ignorância, nem extinção da ignorância; nem velhice, nem morte; também não há extinção da velhice nem da morte. Não há sofrimento, nem causa do sofrimento, nem extinção do sofrimento, nem caminho para extinção do sofrimento. Não há sabedoria nem nada para ser obtido.

A mulher de Ono lhe disse que ele juntou as mãos em oração e que, à medida que o sacerdote recitava, ele as erguia sobre a cabeça como se alguém as puxasse. O sacerdote lhe borrifou água benta, e subitamente ele voltou a si e se viu com o cabelo e a camisa molhados, tomado por uma sensação de tranquilidade e libertação. «Minha cabeça estava leve», ele contou. «De repente, a coisa que estava ali tinha ido embora. Eu me sentia bem fisicamente, mas meu nariz estava entupido, como se eu tivesse pegado um resfriado forte.»

Kaneta foi severo com ele; os dois entenderam o que tinha acontecido. «Ono me disse que tinha andado pela praia naquela área devastada, tomando um sorvete», contou o sacerdote. «Ele até botou no para-brisa do carro uma placa que dizia ‹ajuda humanitária› para que ninguém o parasse. Ele foi leviano em ir lá, não pensou nem um pouco a respeito. Eu disse a ele, ‹Seu tolo. Se você vai a um lugar onde muitas pessoas morreram, deve ir com respeito. Isso é o mínimo. Você sofreu um tipo de castigo pelo que fez. Alguma coisa se apossou de você, talvez os mortos que ainda não conseguem aceitar que morreram. Eles vêm tentando expressar seu lamento e seu ressentimento por seu intermédio›.» Kaneta sorriu ao se lembrar disso. «Mr. Bean!», ele disse. «Ono é tão inocente e desarmado. Também por isso conseguiram se apossar dele.»

Ono reconhece tudo isso, e mais. Não foi possuído só por espíritos de homens e mulheres, ele agora se dava conta, mas também espíritos de animais – gatos e cachorros e outros bichos que haviam se afogado com seus donos.

Ele agradeceu ao sacerdote e foi para casa de carro. Seu nariz escorria, mas em vez de muco saía uma geleia rosa-choque, diferente de qualquer coisa que já vira.

***

A onda se alastrou por não mais do que alguns quilômetros terra adentro, mas além das colinas em Kurihara ela transformou a vida do reverendo Kaneta. Ele tinha herdado

TSUNAMI

Em 11 de março de 2011, às 14h46, horário local, um terremoto de magnitude 8.9-9 atingiu o nordeste da costa do Japão, na província de Miyagi com epicentro no mar. Logo ocorreu um tsunami. A terra tremeu por seis minutos no que foi o abalo sísmico mais violento já registrado no Japão, e o quarto mais forte do mundo. A ilha se deslocou quatro metros para leste, e os danos causados foram avaliados em 210 bilhões de dólares, o desastre natural mais dispendioso de todos os tempos. O Japão já havia testemunhado eventos similares devido à sua localização,

mas agora enfrentava uma catástrofe em uma escala jamais vista. O tsunami gerou ondas de até quarenta metros de altura, que engolfaram casas, ruas, barcos e pessoas. Abalos secundários foram sentidos a quilômetros de distância em diferentes partes do mundo. Duas centrais nucleares, Fukushima Dai-ichi e Fukushima Dai-ni, foram gravemente danificadas, e diversas explosões e vazamentos de radiação se seguiram, levando o país a declarar estado de emergência nuclear, o primeiro da história do Japão. Números recentes estimam o total de vítimas em 15.704, com cerca de 4.647 desaparecidos.

o templo por ser filho e neto dos sacerdotes precedentes, e sentia-se despreparado para lidar com os sobreviventes do tsunami, tarefa que o pôs à prova. Tinha sido o maior desastre do pós-guerra japonês: nenhuma perda maior de vidas havia ocorrido desde o bombardeio de Nagasaki em 1945. E no entanto a dor não veio à tona; ela penetrou sorrateira e se entocou lá no fundo. Uma vez resolvida a emergência imediata, cremados os corpos, realizadas as cerimônias fúnebres e abrigados os sem-teto, Kaneta procurou um acesso à masmorra de silêncio em que via definharem tantos sobreviventes.

Pôs-se a percorrer a costa com um grupo de sacerdotes, organizando um evento que chamaram de Café de Monku – um trocadilho bilíngue: além de ser a pronúncia japonesa para a palavra inglesa *monk* [monge], *monku* em japonês significa queixa. «Achamos que vai levar muito tempo para retornarmos a uma vida calma, tranquila e normal», dizia o panfleto. «Por que você não se junta a nós? Faça uma pausa e se queixe um pouco. Os monges vão ouvir suas queixas e talvez fazer uma ou outra *monku* também.»

Sob esse pretexto – uma xícara de chá e dois dedos de prosa – as pessoas iam aos templos e aos centros comunitários onde ocorria o Café de Monku. Muitas viviam em «residências temporárias», os soturnos casebres que no inverno congelavam e no verão cozinhavam, onde acabava indo parar quem não podia arcar com nada melhor. Os sacerdotes ouviam, compassivos, e procuravam não fazer perguntas demais. «As pessoas não gostam de chorar», disse Kaneta. «Consideram egoísmo. Entre aqueles que estão vivendo em lares temporários, não há praticamente ninguém que não tenha perdido um familiar. Todo mundo está no mesmo barco, ninguém quer se vitimizar. Mas, quando as pessoas começam a falar, e quando você as ouve e percebe como apertam os dentes e sente o sofrimento delas, toda a dor que não

conseguem ou não querem expressar, logo elas começam a chorar e as lágrimas escorrem sem trégua.»

De início hesitantes, num tom de quem se desculpa, depois com eloquência, os sobreviventes falaram do terror da onda, da dor do luto e de seus medos em relação ao futuro. Também falaram sobre encontros com o sobrenatural. Descreveram visões de espectros desconhecidos, de amigos e vizinhos, de parentes queridos mortos. Mencionaram aparições em casa, no trabalho, em escritórios e espaços públicos, nas praias e nas cidades arruinadas. A experiência variava de sonhos misteriosos e sentimentos de inquietação a casos de possessão direta, como o de Takeshi Ono.

Um jovem reclamou de pressão no peito à noite, como se alguma criatura estivesse montada sobre ele enquanto dormia. Uma adolescente falou de uma figura medonha que se instalara em sua casa. Um homem de meia-idade ficava aterrorizado ao sair na chuva, pois os olhos dos mortos o encaravam das poças.

Um funcionário público de Sōma visitou um trecho devastado do litoral e viu uma mulher sozinha vestida de vermelho, longe da estrada ou de alguma casa, sem meio de transporte à vista. Quando voltou a procurá-la, ela havia desaparecido.

Um quartel do corpo de bombeiros em Tagajō recebeu ligações de lugares onde todas as casas haviam sido destruídas pelo tsunami. As equipes seguiram para as ruínas mesmo assim e rezaram para os espíritos dos mortos – e as chamadas fantasmagóricas cessaram.

Um taxista da cidade de Sendai apanhou um homem de aparência triste que pediu para ser levado para um endereço que já não existia. No meio do caminho o motorista olhou no espelho retrovisor e viu que o banco de trás estava vazio. Ele continuou dirigindo ainda assim, parou

> «Quando pesquisas de opinião propõem a pergunta ‹Qual é a sua religião?›, os japoneses se situam entre os povos mais descrentes do mundo. Foi preciso uma catástrofe para que eu entendesse quão enganosa é essa autoavaliação.»

diante das fundações de uma casa destroçada e abriu a porta educadamente para permitir que o passageiro invisível fosse até sua antiga casa.

Em uma comunidade de refugiados em Onagawa, uma antiga vizinha aparecia na sala de estar das casas temporárias e se sentava para tomar uma xícara de chá com seus ocupantes perplexos. Ninguém tinha coragem de lhe dizer que já estava morta; a almofada em que ela havia sentado ficava ensopada de água do mar.

Sacerdotes – cristãos, xintoístas ou budistas – foram chamados repetidas vezes para aplacar espíritos descontentes. Um monge budista escreveu um artigo em um periódico erudito sobre «o problema dos fantasmas», e acadêmicos da Universidade de Tōhoku começaram a catalogar as histórias. «Tanta gente está tendo essas experiências», disse Kaneta. «É impossível identificar quem são todas elas e onde estão. Mas há inúmeras pessoas nessa situação, e acho que a quantidade vai aumentar. Tudo o que fazemos é tratar os sintomas.»

***

Quando pesquisas de opinião propõem a pergunta «Qual é a sua religião?», os japoneses se situam entre os povos mais descrentes do mundo. Foi preciso uma catástrofe para que eu entendesse quão enganosa é essa autoavaliação. É verdade que religiões organizadas, como o budismo ou o xintoísmo, têm pouca influência na vida das pessoas ou da nação, mas ao longo dos séculos ambas têm sido moldadas de acordo com a verdadeira fé dos japoneses: o culto aos ancestrais.

Já tinha ouvido falar dos «altares domésticos», ou *butsudan*, que ainda são encontrados na maioria das casas e nos quais tabuletas memoriais dos ancestrais mortos – as *ihai* – são expostas. Os *butsudan* são armários em laca preta e douradura, com entalhes vazados de leões e pássaros; as *ihai* são tabuletas de madeira escura envernizada, com inscrições verticais em dourado. Oferendas de flores, incenso, arroz, frutas e bebidas são depositadas diante deles; durante o Festival dos Mortos, no verão, as famílias acendem velas e lanternas para acolher em casa os espíritos dos ancestrais. Na minha cabeça, essas práticas pitorescas eram questões de simbolismo e costume, vividas como os ocidentais participam de um funeral cristão, ou seja, sem verdadeira crença nas palavras da liturgia. Mas no Japão as crenças espirituais não são consideradas expressões de fé, mas mero bom senso, praticadas com tanta leveza e naturalidade que é fácil não percebê-las. «Os mortos não estão tão mortos lá como estão em nossa sociedade», escreve o estudioso das religiões Herman Ooms. «Historicamente, no Japão sempre fez todo o sentido tratar os mortos como mais vivos do que nós o fazemos [...] a ponto de a morte se tornar uma variante e não uma negação da vida.»

No cerne do culto aos ancestrais está um acordo. Os descendentes oferecem comida,

Os fantasmas do tsunami

Sotōba, lápides de madeira inscritas com textos dos sutras e o nome budista do morto; depois da cerimônia fúnebre, os sacerdotes budistas dão ao morto um novo nome.

Os fantasmas do tsunami

bebida, preces e rituais aos mortos, que em troca concedem boa sorte aos vivos. A seriedade com que as famílias consideram essas cerimônias varia, mas, mesmo para as inobservantes, os mortos desempenham um papel contínuo na vida doméstica. Na maior parte do tempo seu status é como o daquele velho amado, surdo e ligeiramente tantã que não espera estar no centro da família mas que se sente incluído em ocasiões especiais. Jovens que passaram em processos seletivos importantes, conseguiram um emprego ou se casaram se ajoelham diante do *butsudan* para anunciar seu sucesso. Vitória ou derrota em uma disputa judicial decisiva, por exemplo, também será dividida com os ancestrais.

Quando a dor é excruciante, a presença dos mortos é avassaladora. Em famílias que perderam crianças no tsunami, tornou-se rotina, depois de meia hora de chá e conversas, ser questionado se eu gostaria de «conhecer» os filhos e filhas mortos. Eu era levado até um santuário coberto com fotografias em porta-retratos, brinquedos, bebidas e lanches favoritos, cartas, desenhos e livros de exercícios escolares. Uma mãe havia encomendado retratos que, tratados com Photoshop, apresentavam suas crianças como estariam se tivessem sobrevivido: um menino que morrera na escola primária sorria orgulhoso em um uniforme do ensino médio, uma adolescente de quimono em sua cerimônia de chegada à maioridade. Aqui, toda manhã, ela começa o dia conversando com os filhos mortos, declarando seu amor e pedindo desculpa, com a mesma naturalidade de quem faz uma chamada de longa distância.

O tsunami teve um impacto enorme na religião dos ancestrais. Junto com muros, telhados e pessoas, a água varreu para longe altares domésticos, tabuletas memoriais e fotografias de família. As câmaras mortuárias dos cemitérios foram evisceradas, e os ossos dos mortos, espalhados. Templos foram destruídos, assim como livros memoriais que listavam os nomes dos ancestrais ao longo das gerações. «As tabuletas memoriais – é difícil estimar sua importância», disse Yōzō Taniyama, sacerdote e amigo do reverendo Kaneta. «Quando há um incêndio ou um terremoto, os *ihai* são as primeiras coisas que muita gente salva, antes de dinheiro ou documentos. Pessoas morreram no tsunami porque foram para casa atrás dos *ihai*. É vida – como salvar a vida de seu finado pai.»

Quando morrem violenta ou prematuramente, com raiva ou angustiadas, as pessoas, correm o risco de tornar-se *gaki*, «fantasmas famintos», que vagam entre os mundos espalhando pragas e perversidade. Há rituais para aplacar espíritos descontentes, mas após o desastre poucas famílias estavam em condição de realizá-los. E então havia aqueles ancestrais cujos descendentes foram de todo dizimados pela onda. O conforto deles no além dependia tão somente da reverência das famílias vivas, agora aniquiladas de maneira permanente e irreparável: os espíritos ficaram tão desemparados quanto crianças órfãs.

Milhares de espíritos passaram da vida para a morte; inúmeros outros foram separados de seus portos seguros na outra vida. Como todos eles poderiam ser cuidados? Quem honraria o acordo entre os vivos e os mortos? Em tais circunstâncias, como não haveria um enxame de fantasmas?

***

Mesmo antes de o tsunami afligir a costa, nenhum lugar no Japão era mais próximo do mundo dos mortos do que Tōhoku, a parte setentrional da ilha de Honshu. Em tempos antigos era um domínio fronteiriço de bárbaros, trasgos e frio enregelante. Para o Japão moderno, continua sendo um lugar remoto, marginal, vagamente melancólico,

«‹Algumas pessoas estão passando por trauma›, explicou Hijikata, ‹e se sua saúde mental está sofrendo você precisa de tratamento médico. Outras vão confiar no poder da religião, e isso é uma escolha pessoal. O que fizemos foi criar um espaço em que as pessoas pudessem aceitar que estão testemunhando o sobrenatural.›»

de dialetos cerrados e conservadorismo singular, o símbolo de uma tradição rural que, para a gente da cidade, não passa de uma reminiscência folclórica. Tōhoku tem trens-bala e smartphones e todas as outras facilidades do século XXI, mas também tem cultos budistas secretos, uma vívida literatura de histórias sobrenaturais e uma irmandade de xamãs cegas que se reúnem uma vez por ano em um vulcão chamado Osore-zan, ou Monte do Medo, a entrada tradicional para o mundo inferior.

Masashi Hijikata, o mais parecido com um nacionalista que se pode encontrar em Tōhoku, entendeu de imediato que, depois do desastre, viriam as assombrações. «Nós nos lembramos das antigas histórias de fantasmas», ele disse, «e comentamos que haveria muitas outras como aquelas. Pessoalmente, não acredito na existência de espíritos, mas essa não é a questão. Se as pessoas dizem que veem fantasmas, então tudo bem – não vou discutir.»

Hijikata nasceu em Hokkaido, a ilha mais ao norte do Japão, mas foi fazer faculdade em Sendai, e tem a paixão dos imigrantes bem-sucedidos por seu lar adotivo. Quando o conheci ele tocava uma pequena editora cujos livros e periódicos eram exclusivamente sobre temas relacionados a Tōhoku. Entre seus autores, destacava-se o acadêmico Norio Akasaka, um crítico severo das políticas do governo central em relação à região, então sob os holofotes devido ao desastre nuclear de Fukushima: uma usina construída por Tóquio, que fornecia eletricidade para a capital e agora cuspia radiação sobre pessoas que não tinham desfrutado de nenhum de seus benefícios. «Antes da guerra costumavam dizer que Tōhoku fornecia homens como soldados, mulheres como prostitutas e arroz como tributo», escreveu Akasaka. «Pensava que aquele tipo de situação colonial tivesse acabado, mas depois do desastre mudei de opinião.»

Hijikata me explicou a política dos fantasmas, assim como a oportunidade e o risco que ela representava para a população de Tōhoku. «Nós nos demos conta de que muitas pessoas estavam tendo experiências do tipo», disse ele, «mas havia gente se aproveitando delas. Tentando vender isso ou aquilo, dizendo ‹Isso vai lhe trazer alívio›.» Ele conheceu uma mulher que tinha perdido o filho no desastre e que se sentia perseguida por espíritos. Ela foi ao hospital e o médico lhe deu antidepressivos. Ela foi ao templo e o sacerdote lhe vendeu um amuleto e recomendou que lesse os sutras. «Mas tudo o que ela queria», ele disse, «era rever o filho. Há tantas pessoas como ela. Não se importam se são fantasmas – elas querem encontrar fantasmas. Isso posto, achamos que nos cabia fazer alguma coisa. É claro, algumas pessoas estão passando por trauma, e se sua saúde mental está sofrendo você precisa de tratamento médico. Outras vão confiar no poder da religião, e isso é uma escolha pessoal. O que fizemos foi criar um espaço em que as pessoas pudessem aceitar que estão testemunhando o sobrenatural. Oferecemos uma alternativa de ajuda por meio do poder da literatura.»

Hijikata recuperou uma forma literária que floresceu na era feudal: o *kaidan*, ou «conto estranho». *Kaidankai*, ou «festas de contos estranhos», eram passatempos populares no verão, que provocavam reconfortantes calafrios de pavor nos ouvintes. As *kaidankai* Hijikata ocorriam em modernos centros culturais e auditórios públicos. Um dos autores abria o evento, e então as pessoas da plateia compartilhavam suas experiências: estudantes, donas de casa, trabalhadores, aposentados. Hijikata organizou concursos de redação de *kaidan* e publicou os melhores em uma antologia. Entre os ganhadores estava Ayane Sutō, que eu conheci certa tarde no escritório de Hijikata.

Ela era uma jovem calma e bem-vestida, de óculos pretos e franja, que trabalhava num lar para deficientes. A cidade portuária de Kesennuma, onde ela crescera, foi uma das cidades mais atingidas pelo tsunami, que no entanto não alcançou a casa de sua família – sua mãe, sua irmã e seus avós se salvaram. O pai, um engenheiro naval, trabalhava em frente ao porto e não voltou para casa naquela noite.

«Pensava nele o tempo todo», disse Ayane. «Era óbvio que alguma coisa tinha acontecido. Ele devia estar ferido, só isso, era o que eu me dizia – decerto estava em algum hospital. Sabia que deveria me preparar para o pior. Mas não estava nem um pouco preparada.» Ela passou dias difíceis em Sendai, tentando ajeitar a bagunça que o terremoto provocou em seu apartamento, e pensando sempre no pai. Duas semanas depois do desastre, seu corpo foi encontrado.

Ayane chegou à casa de sua família logo antes do caixão. Amigos e parentes estavam lá, quase todos vestidos informalmente: tudo que era preto, solene, fora carregado pelas águas. «Ele não havia se afogado, como a maioria das pessoas», disse Ayane. «Levou uma pancada no peito, de alguma coisa que ruiu. No caixão era possível ver apenas o seu rosto através de uma portinhola de vidro. Já fazia quinze dias, e eu temia que o corpo estivesse decomposto. Olhei pela portinhola. Vi que ele tinha alguns poucos cortes e que estava pálido. Mas ainda era o rosto do meu pai.» Ela queria tocar seu rosto uma última vez, mas o caixão e sua portinhola tinham sido selados. Sobre a madeira jazia uma flor branca, uma única haste que o agente funerário ali depositara. Não havia nada incomum nela. Mas para Ayane era algo extraordinário. Dez dias antes, no auge de sua esperança e de seu desespero, em um esforço para mitigar a ansiedade, Ayane tinha ido a uma grande casa de banhos pública para relaxar na água quente da fonte termal. Quando ela saiu, pegou as botas no armário e sentiu uma obstrução nos dedos do pé ao tentar calçá-las. «Era fria», ela se lembrou, «mesmo através da meia. E era macia, fofa.» Ela enfiou a mão no calçado e retirou uma flor branca, tão fresca e impecável como se tivesse acabado de ser colhida.

Um mistério menor: como uma flor teria ido parar numa bota dentro de um armário trancado? Ayane apagou o episódio de sua mente até aquele momento diante do caixão do pai, quando a mesma flor se apresentou de novo. «Da primeira vez tive a sensação de que poderia ser um prenúncio de más notícias», disse Ayane. «Talvez meu pai não estivesse mais vivo, e aquilo poderia ser um sinal de sua morte. Mas então pensei a respeito disso mais tarde, sobre o frescor da flor, a alvura da flor, e aquela

Um santuário em homenagem às vítimas em Hiyoriyama, Natori, província de Miyagi, que foi reconstruído em 2013 depois de ter sido varrido pelas ondas em 2011.

‹«Perguntei: ‹Quem é você? O que você quer?›, ele me disse. «Quando ela falou, não parecia em nada com Rumiko. A criatura falou por três horas.» Era o espírito de uma jovem cuja mãe tinha se divorciado e se e se casara de novo, e que não se sentia amada e desejada por sua nova família.›

sensação de maciez contra o meu dedo do pé. E pensei que aquele era o toque do meu pai, que não pude experimentar quando ele estava no caixão.»

Ayane sabia que a flor era só uma flor. Ela não acreditava em fantasmas nem que seu pai tivesse lhe enviado um sinal – se essa comunicação fosse possível, por que um pai amoroso a expressaria em termos tão obscuros? «Acho que foi uma coincidência e que tirei algo positivo dela», diz. «Quando pessoas veem fantasmas, estão contando uma história, uma história que foi interrompida. Elas sonham com fantasmas porque então a história continua ou chega a um desfecho. Se isso lhes traz conforto, é uma coisa boa.»

Impressa como um *kaidan*, publicado na revista de Hijikata, ela ganhou um significado maior. «Aconteceram milhares de mortes, cada uma diferente da outra», disse Ayane. «A maioria nunca foi contada. O nome do meu pai era Tsutomu Sutō. Ao escrever sobre ele, compartilhei sua morte com outras pessoas. Talvez eu o salve de alguma maneira, e talvez acabe me salvando.»

***

Voltei a ver o reverendo Kaneta no fim do verão de 2013. Dois anos e meio haviam se passado desde o desastre, e no interior não havia nenhuma evidência visível dele. As cidades pequenas e maiores de Tōhoku estavam a todo vapor graças ao dinheiro

injetado na região para sua reconstrução. Cem mil pessoas ainda viviam em casas pré-fabricadas, mas essas construções sombrias ficavam longe dos olhos do visitante. Nenhuma das cidades destruídas pela onda tinha sido reconstruída, mas todas elas tinham se livrado dos destroços. Tufos densos de grama haviam crescido demais na faixa litorânea, e as ruínas que ainda eram visíveis mais pareciam sítios arqueológicos negligenciados do que locais de dor e desespero contínuos.

Visitei Kaneta em seu templo e me sentei na sala onde ele recebia os visitantes. Alinhadas no tatame estavam dúzias de pequenas estátuas de argila, que seriam entregues aos patronos do Café de Monku. Eram representações de Jizō, o bodisatva associado à bondade e à misericórdia, que consola os vivos e os mortos.

Nessa sala, Kaneta me disse que havia pouco tinha conhecido uma mulher de 25 anos que chamarei de Rumiko Takahashi. Ela tinha lhe telefonado em junho, angustiada e fora de si. Falava em se matar; gritava que havia coisas entrando nela. Naquela noite um carro estacionou no templo: era Rumiko, sua mãe, sua irmã e seu noivo. Ela era uma enfermeira de Sendai – «uma pessoa muito gentil», disse Kaneta, «sem absolutamente nenhum traço peculiar ou incomum». Nem ela nem a família tinham sido atingidas pelo tsunami. Mas por semanas, seu noivo disse, ela vinha se queixando de alguma coisa a empurrando por dentro de um lugar bem profundo, de presenças defuntas «jorrando» invisíveis ao seu redor. A própria Rumiko estava esparramada sobre a mesa. Ela se sobressaltou quando Kaneta se dirigiu à criatura dentro dela. «Perguntei: ‹Quem é você? O que você quer?›», ele me disse. «Quando ela falou, não parecia em nada com Rumiko. A criatura falou por três horas.»

Era o espírito de uma jovem cuja mãe tinha se divorciado e se casara de novo, e que não se sentia amada e desejada por sua nova família. Ela fugiu e conseguiu um trabalho no *mizu shōbai*, ou «comércio das águas», o universo noturno de clubes, bares e prostituição. Lá, se viu cada vez mais isolada e deprimida e ficou sob a influência de um homem mórbido e manipulador. Ignorada pela família, sem ninguém que a procurasse, ela se matou. Desde então, nem um incenso tinha sido aceso em sua memória.

Kaneta perguntou ao espírito: «Você vai vir comigo? Quer que eu te leve até a luz?». Ele a guiou pelo salão principal do templo, onde recitou os sutras e borrifou água benta. Quando as orações acabaram, à uma e meia da madrugada, Rumiko tinha voltado a si, e ela e sua família foram para casa.

Três dias depois ela estava no templo. Queixou-se de uma forte dor na perna esquerda; mais uma vez, tinha a sensação de ser perseguida por uma presença estranha. O esforço de manter o intruso afastado era exaustivo. «Essa tensão lhe provocava sentimentos suicidas», disse Kaneta. «Eu disse a ela, ‹Não se preocupe – apenas o deixe entrar›.» A postura e a voz de Rumiko imediatamente ficaram mais duras e profundas; Kaneta se viu conversando com um homem rude e de discurso incisivo, um marinheiro da antiga Marinha Imperial que tinha morrido em ação durante a Segunda Guerra Mundial depois que sua perna esquerda fora gravemente ferida por uma bomba.

O sacerdote confortou o velho veterano: conversou, rezou e entoou os sutras. O intruso partiu, Rumiko se acalmou. Mas tudo isso foi apenas um prólogo. «Todas as pessoas que vieram», disse Kaneta, «bem como cada uma das histórias que elas contavam, tinham alguma conexão com a água.»

***

Ao longo do verão de 2013, o reverendo Kaneta exorcizou 25 espíritos de Rumiko Takahashi. Eram vários que iam e vinham toda semana. Todos eles, depois do marinheiro dos tempos de guerra, eram fantasmas do tsunami. Para Kaneta, os dias seguiam uma rotina implacável. O telefonema de Rumiko acontecia no início da noite; às nove em ponto seu noivo estacionava em frente ao templo e a tirava do carro. Até três espíritos apareciam em uma única sessão. Kaneta falava com cada um individualmente, algumas vezes durante muitas horas; ele se inteirava da situação de cada um, apaziguava seus medos e de modo educado, mas firme, determinava que eles o seguissem em direção à luz. A mulher de Kaneta se sentava com Rumiko; às vezes outros sacerdotes estavam presentes para se juntar às orações. Nas primeiras horas da manhã, Rumiko era levada de carro para casa. «A cada vez ela se sentia melhor, voltava para Sendai e ia trabalhar», me disse Kaneta. «Mas então, depois de alguns dias, começava tudo de novo.» Entre os vivos, em meio à cidade, ela se dava conta dos mortos, milhares de espíritos inoportunos a pressionando e tentando possuí-la.

Um dos primeiros foi um homem de meia-idade que, falando por intermédio de Rumiko, chamava desesperado o nome da filha.

«Kaori!», disse a voz. «Kaori! Tenho que chegar até Kaori. Onde está você, Kaori? Tenho que chegar à escola, tem um tsunami vindo.»

ESCOLA PRIMÁRIA DE ŌKAWA

Richard Lloyd Parry acompanhou de perto a história das vítimas e dos sobreviventes do tsunami. Escreveu *Ghosts of the Tsunami* (Jonathan Cape, 2017), cujo foco é o drama da Escola Primária de Ōkawa. A três quilômetros do Pacífico, o vilarejo de Ōkawa fica às margens do rio Kitakami, na região de Tōhoku. A escola tinha 108 alunos, dos quais 78 estavam presentes quando o tsunami a atingiu. Morreram 74 crianças. Mais de uma hora se passou entre o terremoto e a chegada do tsunami, e o prédio ficava próximo a uma colina que poderia tê-las abrigado e salvado suas vidas. Testemunhas disseram que a evacuação da escola tinha acontecido de forma impecável: em cinco minutos, todos estavam do lado de fora, no pátio. O que aconteceu na hora fatal entre 14h30 e 15h30? Por incrível que possa parecer, o manual de evacuação não especificava para onde as pessoas deviam correr e se refugiar nesse tipo de emergência. Os professores discutiam o que fazer, reinava a confusão. Algumas crianças queriam ir em direção às colinas mas foram impedidas com a justificativa de que o solo podia ceder. A situação se complicou mais quando outras pessoas do vilarejo apareceram no pátio, que algumas fontes indicavam como um ponto de encontro seguro. Fez-se uma investigação, houve um julgamento, e os pais das jovens vítimas receberam uma indenização das autoridades pela desastrosa administração da emergência.

A filha do homem estava na escola à beira-mar no momento do terremoto. Ele tinha saído correndo do trabalho e percorrido a estrada litorânea de carro para buscá-la quando a água o alcançou. Sua agitação era intensa; ele estava impaciente e desconfiado de Kaneta.

A voz perguntou: «Estou vivo ou não?».

«Não», disse Kaneta. «Você está morto.»

«E quantas pessoas morreram?», perguntou a voz.

«Vinte mil pessoas morreram.»

«Vinte mil? Tantas assim?»

Mais tarde Kaneta lhe perguntou onde ele estava.

«Estou no fundo do mar. É muito frio.»

«Suba do mar para o mundo da luz», disse Kaneta.

«Mas a luz é tão pouca», o homem respondeu. «Há corpos por toda parte ao meu redor, e não consigo alcançá-la. E quem é você? Quem é você para me levar para o mundo da luz?»

A conversa se estendeu por duas horas. Por fim, Kaneta disse: «Você é um pai. Você entende as ansiedades de um pai. Pense nessa garota cujo corpo você usou. Ela tem um pai e uma mãe que estão preocupados com ela. Você já pensou nisso?».

Houve uma longa pausa, até que o homem disse: «Você está certo», então gemeu. Kaneta entoou os sutras. Ele parava de tempos em tempos quando a voz emitia sons engasgados, mas esses foram se esmaecendo em balbucios e, por fim, o homem se foi.

Dia após dia, semana após semana, os espíritos continuavam vindo: homens e mulheres, jovens e velhos, com os mais diversos sotaques. Contavam longas histórias, mas nunca havia detalhes específicos suficientes – sobrenomes, nomes de lugares, endereços – para verificar algum relato individual, e Kaneta não sentia a menor vontade de descobrir suas identidades. Um homem tinha sobrevivido ao tsunami

Os fantasmas do tsunami 31

O FESTIVAL DAS LANTERNAS

Todo ano no Japão, de 13 a 16 de agosto, ocorre o tradicional festival budista do Obon, festa das lanternas e dos mortos. É uma celebração muito importante durante a qual as famílias limpam e decoram suas casas, dançam e festejam para acolher as almas de seus mortos que, acredita-se, voltam para seu lar terreno nesse período. Quem vive em grandes metrópoles costuma tirar alguns dias de folga e viaja para suas cidades e vilarejos natais. As famílias visitam as sepulturas dos parentes e fazem oferendas generosas de alimentos em templos e altares espalhados por todo o país. Em anos recentes, a prática de soltarem nos rios lanternas de papel com velas acesas e deixá-las partir boiando na corrente (*tōrō nagashi*) tem se tornado cada vez mais popular; dizem que as lanternas guiam os espíritos em sua jornada de volta à outra vida quando o festival acaba.

mas se matara depois de saber da morte das duas filhas. Outro queria se juntar ao restante de seus ancestrais mas não conseguia encontrar o caminho porque sua casa e tudo nela tinham sido levados pela água. Havia um velho que falava em um carregado dialeto Tōhoku. Ele estava desesperado de preocupação com a esposa, que tinha sobrevivido e estava morando sozinha e desamparada em um dos sombrios casebres temporários. De vez em quando ela pegava uma corda branca guardada numa caixa de sapatos, e então a contemplava e a acariciava. Ele temia que ela estivesse planejando usá-la.

Kaneta argumentava, rezava e entoava, e no fim cada um dos espíritos cedia. Mas era questão de tempo: dias ou horas depois outros apareciam. Uma noite no templo, Rumiko anunciou: «Há cães à minha volta, são barulhentos! Latem tão alto que não estou aguentando». Então ela disse: «Não! Eu não quero. Eu não quero ser um cachorro». Por fim disse: «Sirva arroz e água para ele comer. Vou deixá-lo entrar».

«Ela nos mandou segurá-la», contou Kaneta, «e, quando o cão a possuiu, veio com uma força imensa. Três homens a seguravam, mas não eram fortes o suficiente, foram lançados longe. Ela arranhava o chão e rosnava alto.» Mais tarde, depois dos sutras e de voltar a seu eu pacífico, Rumiko contou a história do cachorro. Era o animal de estimação de um velho casal que vivia perto da central nuclear de Fukushima Dai-ichi. Quando a radiação começou a vazar, seus donos fugiram em pânico com todos os vizinhos. Mas esqueceram de soltar o cachorro, que morreu lentamente, de sede e fome. Depois, quando já era tarde demais, o espírito do animal viu homens em roupas brancas de proteção entrando e encarando seu cadáver murcho.

Rumiko acabou conseguindo controlar os espíritos; mencionou um contêiner que

Página 31: O santuário em Hiyoriyama, Natori, província de Miyagi.

podia escolher se abria ou não. Um amigo de Kaneta, presente em um dos exorcismos, comparou-a a um paciente com uma doença crônica acostumado a vomitar: o que a princípio causava repulsa, com o tempo se tornava familiar e suportável. Em agosto ela relatou ser capaz de afastar os espíritos quando eles se aproximavam dela. Ela ainda se dava conta da presença deles, que não estavam mais a empurrando e esbarrando nela, mas espreitavam do limiar do quarto. Os telefonemas noturnos e as visitas tarde da noite se tornaram cada vez menos frequentes. Rumiko e o noivo se casaram e se mudaram para longe de Sendai, e para seu grande alívio Kaneta parou de ter notícias dela.

O esforço dos exorcismos era demais. Os amigos estavam começando a se preocupar com ele. «Eu estava sobrecarregado», o sacerdote disse. «Ao longo dos meses me acostumei a ouvir as histórias dos sobreviventes. Mas, de repente, estava ouvindo as vozes dos mortos.»

Mais difíceis de suportar eram as ocasiões em que Rumiko estava possuída por crianças. «Quando uma criança aparecia», disse Kaneta, «minha mulher tomava sua mão e dizia: ‹É a mamãe – a mamãe está aqui. Está tudo bem, está tudo bem. Vamos juntas›.» Primeiro apareceu um menino sem nome, novo demais para entender o que lhe diziam ou para fazer qualquer coisa além de chamar pela mãe. Depois uma menina de sete ou oito anos de idade. Estava com o irmão ainda mais novo no momento do tsunami, e tentou fugir com ele. Quando os dois se afogavam, ela soltou a mão do garotinho e agora temia que a mãe estivesse brava. «Tem uma onda preta vindo», ela disse. «Estou com medo, mamãe. Desculpa, mamãe, desculpa.»

A voz da menina soava aterrorizada e confusa. Seu corpo impotente estava à deriva na água fria, e era uma grande luta guiá-lo para o alto em direção à luz. «Ela agarrou firme a mão da minha mulher até chegar ao portão do mundo da luz», lembrou Kaneta. «Então disse: ‹Mãe, eu consigo ir sozinha agora, pode soltar›.»

Depois, a sra. Kaneta tentou descrever o momento em que ela soltou a mão da jovem que recebia a menina afogada. O sacerdote chorava por ela e pelas outras 20 mil histórias de terror e extinção. Mas sua esposa percebia apenas uma enorme energia se dissipando. Isso a lembrou da experiência de dar à luz e da sensação de descarga de força no fim da dor quando a criança recém-nascida finalmente chega ao mundo. 🐦

As mulheres «faça-você-mesma»

Depois da Segunda Guerra Mundial, por décadas o trabalho das mulheres se confinou à casa, onde elas costuravam, cozinhavam, criavam e produziam todo tipo de coisa. Hoje, livres do papel de donas de casa e imersas no mercado de trabalho, muitas sonham – nessa época de crise econômica, estresse e perspectivas de carreira reduzidas – com um retorno à tranquila profissão de «designer do lar».

RYŌKO SEKIGUCHI

Propaganda vintage da era Shōwa em uma rua no bairro de Minowabashi, em Tóquio; Shōwa é o nome dado ao período de reinado do imperador Hirohito, 1926-1989.

Quando olho para trás, tenho a impressão de que as mulheres no Japão do pós-guerra estavam sempre produzindo coisas. À diferença das mulheres da época da guerra, que premidas pela necessidade eram obrigadas a produzir seus próprios utensílios domésticos e a cultivar os campos, elas estavam continuamente voltadas aos trabalhos manuais, «embelezando» a vida ao costurar para a família, fazer doces para as crianças, plantar flores nos jardins, tricotar casacos para o marido.

Minha mãe nasceu em 1945, o que a faz pertencer justamente à segunda geração de mulheres do pós-guerra que produziam coisas. No início ela ia trabalhar num escritório vestindo saias que sua mãe (minha avó) havia costurado, as quais, por sua vez, foram passadas para mim, que as usei durante o colegial. A caminho de casa ela fazia aulas de ikebana – arranjos de flores –, prática que depois de um tempo ela passou a ensinar. No início do verão, ajudava a mãe a desidratar os *umeboshi*, ameixas que, salgadas e fermentadas, são usadas em conserva. Depois do casamento, bordou minhas roupinhas de recém-nascida, preparou diariamente um almoço para eu levar à creche, passou as tardes inventando deveres de casa, cheios de ilustrações, para me entreter até a hora do jantar, que na verdade eram duas refeições, uma para as crianças, outra para os adultos.

Quando começamos a frequentar a escola, talvez ela tenha sentido o tempo livre pesar, pois encasquetou de aprender cestaria. E se saiu muito bem: não contente em entreter cestos e recipientes, meteu-se a fazer objetos maiores, como gaveteiros – e até começou a dar aulas particulares.

Nos anos 1970, muitas das mulheres que eram donas de casa em tempo integral (ou seja, a grande maioria) frequentavam aulas desse tipo. Origami, produção de bonecas, tricô, corte e costura à moda ocidental... Essas mulheres tinham consideravelmente mais tempo livre do que suas mães haviam tido, e se dedicavam a atividades que lhes serviam para decorar a casa e embelezar a vida. Lembro de, quando era criança, ver na casa de amigos colchas de retalhos nas camas, bonecas japonesas em redomas de vidro sobre os pianos, centros de mesa e porta-papel-higiênico em macramê, tudo feito à mão.

Mais tarde, os elogios que minha mãe recebia pelos doces caseiros que servia às alunas depois das aulas levaram-na também a dar aulas de culinária. Isso foi no fim da década de 1970. Vivíamos em um conjunto de casas populares que abrigava famílias aproximadamente da mesma geração e nível de renda, o que para ela foi uma sorte. Para uma família em que os pais estavam com trinta e tantos anos, com empréstimos recém-tomados para a casa que tinham comprado e com filhos em idade escolar, as aulas de culinária da minha mãe devem ter sido uma mão na roda, ajudando a poupar despesas e aumentando o convívio em família. Quando voltava da escola, eu costumava dar uma passadinha no auditório que ela alugava para as várias aulas que ministrava quase todos os dias, e saía de lá abarrotada de salgados e doces.

RYŌKO SEKIGUCHI é poeta e tradutora. Vive em Paris desde 1997 e escreve em francês e japonês a respeito de gastronomia e de cultura culinária. Em 2012 recebeu o título de Chevalier de l'Ordre des Arts et Lettres na França.

«As jovens estavam cheias de sonhos a respeito de suas futuras vidas de casada, e as mais velhas se viam confrontadas com a realidade de uma vida compartilhada com os sogros e outros parentes.»

Naquela vizinhança, praticamente uma comunidade, as aulas contribuíam para mitigar a atmosfera sufocante e toldar as fronteiras entre o público e o privado.

Mais tarde nos mudamos por causa do trabalho do meu pai, e minha mãe abriu mão das aulas. Em vez de morar em casas populares, agora vivíamos em uma casa nova e separada com jardim, perto de Tóquio, na área de Shōnan, famosa por sua faixa litorânea. Era um lugar mais caro, que deveria deixar a mulher de um simples funcionário encantada. Mas eu percebia o desalento de minha mãe nesse novo mundo. Sem conhecer ninguém, sem a menor chance de encontrar um emprego – afinal, era uma dona de casa de quarenta anos que mal trabalhara fora na vida. Talvez por solidariedade feminina, me dei conta de como era doloroso para ela ter sua própria vida escapando entre os dedos, só lhe restando o papel de mulher e mãe. Meu irmão só a considerava mãe, mas eu via nela uma versão da vida que eu mesma sem dúvida levaria quando adulta.

Não lembro muito bem como aconteceu, mas passado um tempo a sociabilidade natural da minha mãe a levou a retomar as aulas de culinária. A princípio ela dava aulas particulares em nossa casa. A maioria das alunas era de jovens noivas com cerca de vinte anos e mulheres casadas na casa dos trinta que queriam se aprimorar. Quando as aulas acabavam, as alunas ficavam para tomar chá e conversar, e de vez em quando eu me juntava a elas. As conversas que ouvia entre esses dois grupos de mulheres – as jovens cheias de sonhos a respeito de suas futuras vidas de casada, e as mais velhas confrontadas com a realidade de uma vida compartilhada com os sogros e outros parentes – foram uma verdadeira «educação feminina» para a adolescente que eu era.

Minha mãe logo expandiu suas atividades, viajando para dar aulas, abrindo um café e criando os menus para *penshon* – pousadas tipo cama e café, as conhecidas *bed & breakfast* – que na época eram a última moda no Japão. Naqueles anos 1980 o Japão vivia sua bolha econômica. Minha mãe fazia bolos de casamento personalizados para casais que desejavam uma cerimônia diferente, cuidava do bufê de vernissages em galerias de arte, e de modo geral aceitava uma variedade de pedidos extravagantes que provinham da afluente sociedade japonesa.

Meu pai assistia a tudo isso com certa amargura. Estava na cara que ele não era um entusiasta das atividades de sua mulher, a quem amava a seu modo. Há coisas que até hoje não entendo. Se a via anotando suas receitas ou preparando suas aulas, gritava: «Largue esse seu emprego se você não consegue ser uma dona de casa como se deve!».

Por fim, a gota d'água, se não me engano, foi quando uma revista de culinária convidou minha mãe para escrever uma coluna. Meu pai apresentou todas as razões que conseguiu imaginar para dizer por que ela não deveria aceitar. Dinheiro não era o problema, de fato; acho que o que o incomodava era ver o nome dela impresso. (Ele também ficou extremamente contrariado quando ganhei meu primeiro prêmio literário, me repreendendo e de certo modo até me agredindo, mas essa é outra história.) A princípio, minha mãe topou colaborar com a publicação, mas acabou por recusar a oferta, alegando que, se alguma criança comesse sua comida e por acaso passasse mal, ela seria responsabilizada (as receitas seriam para bebês desmamados havia pouco). Aparentemente ela não se mostrou muito aborrecida por ter de abrir mão dessa oportunidade, mas hoje acredito que foi nesse momento que ela perdeu qualquer esperança de construir uma carreira para si no mundo da culinária e passou a aceitar o papel passivo de mulher dependente do marido.

As particularidades do fisco japonês também constituíam um problema. A lei estipula que o cônjuge que não trabalha fora, o marido ou a mulher, é «dependente». Se você ganha mais de 1.200 ienes (cerca de 11 mil dólares) por ano, não pode reivindicar a condição de dependente e deve pagar impostos separados, uma desvantagem que faz com que a maioria das mulheres trabalhe apenas meio período e mantenha sua renda abaixo do teto. Mesmo que minha mãe não constasse mais como dependente na declaração de imposto de renda do marido e precisasse pagar um imposto próprio, acredito que sua remuneração continuaria sendo lucrativa. Diante da oposição de meu pai, ela optou por restringir sua renda. Estava decidida, era isso mesmo, ela me dizia, e o argumento que me apresentava na verdade pretendia convencer a si mesma: ela pelo menos tinha a sorte de ter um marido compreensivo que aceitava que ela trabalhasse!

Mas eu simplesmente não engolia isso. Por que uma adulta como ela deveria se curvar à opinião de outra pessoa apenas por serem marido e mulher? Cadê a recíproca? Na condição de cônjuge, ele não deveria dar ouvidos a ela? Era sem dúvida para se persuadir

de que ser apenas dona de casa era um privilégio, e não um absurdo, uma imposição da época, que ela me pressionou a aprender a cozinhar. Meu irmão estava liberado, naturalmente, mas eu, como mulher, precisava no mínimo dominar as panelas para conseguir um marido. A paixão pela cozinha, que poderia ter sido a fonte de sua independência, ficou confinada entre quatro paredes, convertendo-se no cerne de uma identidade distorcida. Para minha mãe, as pessoas (especialmente as mulheres) deveriam ser julgadas segundo sua capacidade ou incapacidade de cozinhar, e por essa razão abominei a cozinha por muitos anos. Eu não conseguia aceitar que, em vez de transformar as relações conjugais e sociais, ela as impusesse à própria filha. Foi nesse momento que tive a certeza de que eu queria ter uma vida social e economicamente independente.

Na década de 1990 um tipo diferente de aluno começou a frequentar as aulas de culinária da minha mãe. Ela recebia cada vez mais pedidos de cursos voltados para homens de meia-idade que nunca haviam sequer pisado em uma cozinha. Foi por essa época que se difundiu o tal «divórcio da meia-idade». Homens que haviam passado a vida trabalhando, cujo papel familiar fora unicamente o de provedor, estavam de repente aposentados e ficavam em casa todo santo dia, o dia todo, e as mulheres não estavam suportando. O marido não só era incapaz de se encarregar de algum afazer doméstico, como dava por certo que a mulher deveria produzir três refeições diárias para ele. A mulher, por sua vez, quando o marido trabalhava fora o dia todo, gozava de relativa liberdade, mas agora se via pajeando o sujeito o dia inteiro. Não admira que a vida conjugal tivesse começado a ficar problemática. E assim, para evitar a possibilidade de um pedido de divórcio (ou às vezes a mando das mulheres), homens em vias de se aposentar, na casa dos cinquenta, procuravam aulas de culinária para

Acima: Um pôster da era Shōwa.
Abaixo: Hairnets é um mercado em Sugamo, um bairro comercial adorado por mulheres com mais de sessenta anos.

Acima: Uma cena de um dos filmes da série popular de cerca de quarenta (1969-1995) em que estrelava o personagem Tora-san no museu devotado a ele em Shimabata, Tóquio.
Abaixo: Um arranjo de flores em uma destilaria de saquê.
Página 42: Um pôster de uma destilaria junto com garrafas e copos de cerâmica em um *izakaya*.

iniciantes, para aprender a fazer um arroz básico, uma prosaica sopa de missô.

A paridade de gênero ainda estava muito distante – tanto quanto hoje, a propósito –, e a maioria das pessoas se casava com vinte e poucos anos, mas, no âmbito privado, pelo menos, pequenos passos estavam sendo dados rumo a algum tipo de equidade de papel de gêneros.

Havia homens próximos que sabiam cozinhar, e eu me lembro de meu irmão fazendo doces para levar para a garota com quem estava saindo. Isso, acredito, é o que estava por trás da mudança no perfil dos alunos dos cursos de culinária da minha mãe. Considere, por exemplo, a série de mangás *Cooking Papa*, lançada em 1985 e ainda editada. No início, o protagonista Papa escondia de seus colegas de trabalho que gostava de cozinhar, mas no fim da década de 1990 ele assume que em casa quem cozinha é ele.

Em 1980 havia poucas famílias em que ambos os cônjuges trabalhavam em período integral, mas isso mudou de forma gradual até que, em 1995, havia praticamente o mesmo número de mulheres se identificando como «donas de casa profissionais» e famílias em que ambos os cônjuges trabalhavam fora. Ao mesmo tempo, outra mudança estava ocorrendo. Assim como não apenas cozinhar e fazer trabalhos manuais tinha sido para minha mãe um modo de conseguir autonomia, agora as mulheres estavam começando a encarar o que aprendiam não apenas como hobbies, mas como um primeiro passo para adquirir uma habilidade que mais tarde poderiam ensinar. Nos anos 1990 era comum ouvir falar de mulheres que logo que começavam a aprender alguma coisa queriam saber quando poderiam passar a dar elas mesmas um curso sobre o assunto – mulheres que, agora que se encerravam os dias dedicados à criação dos filhos, não podiam nem voltar para seus antigos empregos nem

encontrar uma ocupação interessante. Elas estavam desesperadamente à procura de meios de «autorrealização». Essa expressão, tão popular na época, com certeza não teria sido necessária se a sociedade tivesse oferecido às mulheres uma base sólida para voltar a trabalhar. Elas teriam trabalhado duro e sofrido os altos e baixos de costume em seus esforços por promoções, assim como fazem os homens, mas não precisariam se agarrar a conceitos tão insípidos quanto «autorrealização».

Em qualquer sociedade em que os homens ocupam a maioria dos postos de trabalho, as possibilidades de as mulheres terem uma carreira sempre foram centradas em um tipo de trabalho que poderia ser feito de casa e de forma manual, trabalho intimamente relacionado à rotina, como costurar ou cozinhar. Mas o Japão era incomum em relação a isso; embora não fosse um país pobre (onde, é claro, até os homens com frequência podem não encontrar trabalho), nem um país em desenvolvimento, por muito tempo o trabalho feminino foi artificialmente restrito ao domínio do «faça-você-mesma». Numa época em que no Ocidente não era estranho mulheres ocuparem postos de gerência, serem políticas, médicas, advogadas e assim por diante (e apesar do fato de os japoneses acreditarem ter alcançado o Ocidente e se equiparado a ele), no Japão as mulheres ainda sovavam devotamente o pão, faziam arranjos de flores ou geleia como substituto para as carreiras das quais eram privadas. Por trás dessas criações manuais aparentemente charmosas, espreitava a realidade sombria de uma sociedade que privava as mulheres de uma carreira, impossibilitando-as de construir uma vida autônoma.

Mas e hoje? O número de casais em que ambos os cônjuges trabalham fora mais do que dobrou desde os dias da «esposa profissional» – mas ao que parece muitas jovens

COOKING PAPA

Cooking Papa é a encarnação genuína do gênero Cooking Manga (parte do *seinen*, tipo de mangá destinado a leitores adultos do sexo masculino, mas que não são eróticos) e é desenhado por Tochi Ueyama desde 1989. O protagonista, Kazumi Araiwa, é o assalariado clássico (ver página 174): trabalhador, estoico e durão. Sua mulher Nijiko é jornalista e tem pouco tempo para o trabalho doméstico, mas, por sorte, nessa família modelo, o pai toma a frente: ele é um bom pai, um chefe exemplar e sobretudo – dado que *Cooking Papa* é um mangá sobre os prazeres da comida – um excelente cozinheiro, cujos pratos deliciam os que estão à mesa. Desde 2008 o Museu do Mangá em Quioto convida regularmente Tochi Ueyama para fazer algumas receitas do mangá diante de uma plateia no museu, e em 2017 dedicou uma ampla exposição retrospectiva a essa série cult.

42   THE PASSENGER   Ryōko Sekiguchi

estão declarando que querem ser donas de casa em tempo integral. Aparentemente elas preferem passar os dias em casa com os filhos em vez de se esgotarem em cansativas jornadas de trabalho em empresas que não oferecem esperança de uma carreira de verdade. Sem dúvida há também o fator extra de que, nesta época em que é aceito que ambos trabalhem, poder ficar em casa implica ter um marido que ganha bem e que pode sustentá-la.

Talvez essas mulheres desconheçam o travo de insatisfação que sentiam as mulheres de uma época anterior ao se ocuparem desses trabalhos manuais. A julgar pela quantidade de produtos oferecidos em websites, o artesanato produzido por mulheres está em alta. Todas querem se tornar «designers». Não podendo pôr seu talento à prova em empresas que não as levam em consideração, em vez de amargar a frustração de não poder avançar socialmente, preferem não esperar nada do mundo de trabalho e apostam nos trabalhos manuais como gatilho para expressar a própria criatividade. Decerto existem outras áreas nas quais elas poderiam dar vazão a esse espírito empreendedor, mas sem dúvida o artesanato é uma opção cativante para quem deseja trabalhar de casa.

Talvez, afinal, esse seja um meio para as mulheres conquistarem autonomia e liberdade hoje. Ou, quem sabe, no Japão atual, onde as possibilidades de outras formas de «autorrealização» são extremamente limitadas, esse seja um pequeno ramo que pode oferecer um tipo de segurança.

Provavelmente as mulheres «faça-você-mesma» sempre estarão entre nós. 🐦

DISPARIDADE SALARIAL ENTRE GÊNEROS

A disparidade salarial entre gêneros é definida como a diferença entre a média de renda de homens e mulheres relativa à renda média dos homens. Renda bruta, relação decimal (%, 2018 ou posterior)

OS 10 MAIS

OS 10 MENOS

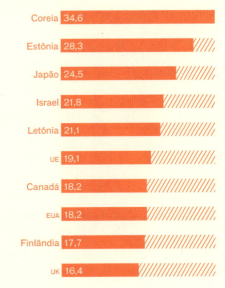

FONTE: OCDE

A (não mais tão) secreta seita que governa o Japão

Uma organização xintoísta que segue um programa monarquista, nacionalista e revisionista – com membros que incluem o ex-primeiro-ministro Shinzō Abe e outros políticos proeminentes – opera na sombra do poder político. Ela promove a adoção do xintoísmo como religião de Estado e vem pressionando por emendas para a constituição pacifista do país, incluindo a abolição do artigo 9º, que proíbe o Japão de se envolver em conflitos armados como meio de resolver disputas internacionais.

JAKE ADELSTEIN

Um homem em uniforme militar participa da comemoração do fim da Segunda Guerra Mundial no santuário Yasukuni em 15 de agosto; o templo no centro de Tóquio é dedicado às almas dos soldados (incluindo diversos criminosos de guerra) que morreram lutando a serviço do imperador.

Uma organização xintoísta conservadora que remonta aos anos 1970 – e que tem o ex-primeiro-ministro Shinzō Abe e muitos integrantes de seu antigo gabinete entre seus adeptos – foi por fim arrancada da sombra em 2016. Com Abe, o primeiro-ministro com maior tempo de mandato na história japonesa (quatro no total), eles podem ter chegado muito perto de conquistar seus objetivos: o retorno a uma constituição japonesa imperial e o abandono dos «direitos humanos básicos, da soberania popular e do pacifismo».

A organização se chama Nippon Kaigi (Conferência do Japão) e é liderada por Tadae Takubo, um ex-jornalista que se tornou cientista político. Tem apenas 38 mil membros, mas, como um clube exclusivo ou uma seita, exerce imensa influência política.

O xintoísmo é uma religião politeísta e animista original do Japão. O xintoísmo financiado e promovido pelo Estado antes e durante a Segunda Guerra Mundial alçava o imperador ao status de divindade e defendia que os japoneses – os *yamato* – eram uma raça divina e que todas as outras eram inferiores. A Nippon Kaigi foi fundada no início da década de 1970 como um braço da organização xintoísta liberal conhecida como Seichō-no-Ie. Em 1974, um grupo rachou e se uniu ao Nippon wo Mamoru Kai, uma organização nostálgica do xintoísmo estatal que abraçava o nacionalismo e queria reviver o culto do imperador. Em sua configuração atual, o movimento foi oficialmente formado em maio de 1997, quando o Nippon wo Mamoru Kai e um grupo de intelectuais de direita juntaram forças. Os objetivos em curso são eviscerar a constituição pacifista japonesa do pós-guerra, acabar com a paridade de gênero, livrar-se dos estrangeiros, anular leis incômodas de «direitos humanos» e devolver o Japão à sua glória imperial.

O ex-primeiro-ministro Abe expressou repetidamente sua ambição de seguir com a reforma da moderna constituição democrática japonesa, que permanece sagrada e inviolada desde 1947: se assim o fizesse, a organização poderia ter a oportunidade de dominar por completo as políticas do país fazendo-o retroceder à era Meiji (1868-1912), extinta há mais de um século, quando o imperador ainda era o chefe supremo e a liberdade de expressão era subordinada aos interesses do Estado.

Abe, um político de terceira geração, é neto de Nobusuke Kishi, ministro japonês de Armamentos durante a Segunda Guerra Mundial, preso como criminoso de guerra em 1945, antes de se tornar primeiro-ministro na década de 1950. Abe é um nacionalista convicto e revisionista histórico que, antes de seu último mandato como premiê, também ocupou o cargo entre 2006 e 2007, quando renunciou de repente no meio do mandato. Sua ligação com a Nippon Kaigi remonta aos anos 1990.

Alinhado com os colegas membros dessa organização imperial e imperialista, Abe afirmou que a revisão da constituição era seu objetivo de vida. Em uma entrevista à *Nikkei Asian Review*, publicada em fevereiro de 2014, ele declarou: «Meu partido, o Partido Liberal Democrata [PLD], tem

---

JAKE ADELSTEIN é um dos maiores jornalistas investigativos da atualidade, especializado em crimes. Nasceu no Missouri mas passou a maior parte da vida no Japão e escreve há muito para o principal jornal do país, o *Yomiuri Shimbun*, e também para outras publicações. Em seu livro memorialístico *Tóquio proibida: Uma viagem perigosa pelo submundo japonês* (Companhia das Letras, 2011), ele relata as ameaças que sofreu da *yakuza* devido a suas reportagens.

defendido a emenda de nossa constituição desde que foi fundado, quase sessenta anos atrás». O PLD, pelo menos a ala extremista, corre para conquistar esse objetivo.

O parlamento japonês, o Kokkai, ou Dieta, é composto de uma câmara alta e uma câmara baixa. O artigo 96 da constituição estipula que podem ser feitas emendas à constituição se aprovadas pela maioria absoluta de dois terços de ambas as casas da Dieta e pela maioria simples em um referendo. Hoje em dia o PLD e seus parceiros de coalizão têm dois terços de maioria na câmara baixa e maioria simples na câmara alta.

Ainda que a administração Abe tenha sustentado, desde o princípio, que a reforma constitucional era seu objetivo primário, para o Ocidente e o Japão a questão recaía sobre a «Abenomia», a política econômica idealizada para revitalizar a economia havia muito estagnada e que o ex-primeiro-ministro Abe prometeu colocar em prática em 2012 (ver página 53). Ela era baseada em «três frentes»: estímulos fiscais, flexibilização quantitativa e reformas estruturais. A terceira «frente» não chegou a ser lançada, e em 2016 o Fundo Monetário Internacional declarou a Abenomia um fracasso, sugerindo que o Japão aumentasse os salários.

O PLD colocou um veto interno a declarações públicas sobre a reforma constitucional. «Decisão sagaz», aponta Nakano Kōichi, professor e especialista em política japonesa da Universidade Sofia, em Tóquio. «A Abenomia foi simplesmente um rótulo mais atraente para o nacionalismo de Abe, para que ele pudesse voltar ao poder.» Ele observa que a opinião pública se opõe por uma ampla margem à revisão da constituição. «A partir de 2012 Abe deu enfáse à sua plataforma econômica durante as campanhas eleitorais mas uma vez eleito retomou seus propósitos. Ele parecia seguir o

conselho do seu então primeiro-ministro substituto, que já observou que o PLD deveria aprender com os nazistas sobre como mudar a constituição na surdina.»

O antigo líder do Partido Democrático do Japão, Katsuya Okada, alertou: «Sob a administração Abe os direitos humanos básicos, como liberdade de expressão e o direito público de acesso livre à informação [sobre seu governo], foram ameaçados [...] o pacifismo da constituição será destruído».

A constituição originalmente proposta pelo PLD, bastante influenciada por ex-alunos da Nippon Kaigi, de acordo com relatórios da *Asahi Shimbun* e outras mídias, sucatearia o artigo 9º, que proíbe o Japão de se envolver em conflitos armados como meio de resolver disputas internacionais. Ela também restringiria severamente a liberdade de expressão, abolindo o direito de se manifestar sobre questões «se for contra o interesse público». Presumivelmente, o governo decidiria o que é de «interesse público». Ela elimina as palavras «direitos humanos básicos» de seções essenciais, como especialistas constitucionais observaram. O PLD argumenta que a revisão é necessária para que o Japão moderno lide com a ameaça da China e se liberte do «regime do pós-guerra». Abe no fim parecia sugerir apenas uma versão diluída do artigo 9º em suas propostas de reforma constitucional, mas o esquema original do PLD não foi abandonado.

Até 2016, a ideologia do então primeiro-ministro e de seus colegas tinha recebido apenas um escrutínio modesto da grande mídia japonesa, mas tudo começou a mudar com a publicação do inesperado best-seller *Nippon kaigi no kenkyū* [Um Estudo sobre a Conferência do Japão] de autoria de Tamotsu Sugano, ex-*salaryman* que se tornara jornalista e ativista político. Segundo Setsu Kobayashi, principal especialista constitucional do Japão e ex-membro da Nippon Kaigi, o grupo «tem problemas em aceitar a realidade de que o Japão perdeu a guerra» e deseja restaurar a constituição da era Meiji. Alguns membros descendem de pessoas que deram início à guerra, ele observa. Kobayashi é tão perseguido por seus antigos companheiros que criou um novo partido político para promover e proteger os direitos constitucionais; nomeou-o, com certa irreverência, Kokumin Ikari-no Koe [A Voz Irada do Povo]. Para a Nippon Kaigi ele é um traidor e um pesadelo; para o ex-primeiro-ministro Abe ele era uma dor de cabeça irritante e barulhenta.

A Seichō-no-Ie, ancestral espiritual da Nippon Kaigi, deu as costas para o PLD e para a coalizão dirigente – seu primeiro ato político declarado em décadas. A organização disse ao *Weekly Post,* em 2016: «O governo Abe pensa pouco na constituição, e somos contra suas tentativas de alterar o artigo 9º. Além disso, desconfiamos de sua capacidade em sustentar políticas que respeitem as leis».

Apesar dos números tímidos da Nippon Kaigi, metade do gabinete de Abe pertencia à Associação Nacional Fraterna dos Legisladores do Nippon Kaigi, o braço político do grupo. O próprio Abe é conselheiro especial. A ex-ministra da Defesa, Yuriko Koike, que se tornou a primeira governadora de Tóquio em 2016, é uma integrante proeminente. Também é uma revisionista histórica, que nega tacitamente que milhares de coreanos foram massacrados por turbas japonesas em 1923 e exige que os direitos de voto para os estrangeiros residentes no Japão sejam revogados. Ela tem apresentado uma sequência alarmante de xenofobia e revisionismo.

O *Sankei Shimbun* e outros jornais declararam que a Nippon Kaigi tentou até pressionar a editora Fusōsha a desistir da publicação do livro de Sugano. A carta de protesto enviada à editora era, curiosamente, em nome do secretário-geral do grupo, Yūzo Kabushima, não em nome do

UM REPÓRTER EXCEPCIONAL

Jake Adelstein, autor deste artigo, alcançou status quase mítico ao longo dos anos como repórter investigativo, do naipe daqueles que enfrentam qualquer coisa por uma história. Em 2012 a revista *New Yorker* contribuiu para a sua lenda ao publicar o perfil *Com o devido respeito*, retratando-o como um personagem de história de detetive. Sua reportagem mais famosa foi sobre o chefe da *yakuza* Gotō Tadamasa, o pacto que Gotō fez com o FBI para furar a fila para um transplante de rim nos Estados Unidos e o tráfico de órgãos em que a *yakuza* estava envolvida. Adelstein, assim como sua família nos Estados Unidos, teve de andar com seguranças por muitos anos por causa das ameaças do clã de Gotō no Japão. Alguns críticos sugeriram que Adelstein foi longe demais nas investigações e que essa foi a razão de ter parado de trabalhar para o jornal *Yomiuri Shimbun*, mas também houve rumores de ligações com a CIA. Ao longo dos anos Adelstein se viciou na descarga de adrenalina de investigações perigosas e, de acordo com o perfil da *New Yorker*, não consegue deixar para trás o papel do *homme fatal* do submundo de Tóquio, frequentando círculos criminosos em busca do próximo furo. Quem o conhece insiste que ele é um homem de palavra, característica altamente prezada no Japão: o que pode explicar o fato de ainda estar vivo.

Acima: Um grupo de extrema direita uniformizado segurando a bandeira do Japão durante as homenagens às vítimas da guerra no santuário de Yasukuni em Tóquio.
Abaixo: Uma *gaisensha* (van publicitária) de outro grupo estacionada do lado de fora do santuário.

> «Para exercer uma influência assim profunda na política e na opinião pública, a Nippon Kaigi se valia de *neto-uyo* (ciberdireitistas que trollam qualquer um que julguem expressar um viés negativo sobre o país), além de intelectuais, políticos e simpatizantes infiltrados na grande mídia.»

presidente, Tadae Takubo. Kabushima é um ferrenho adorador do imperador e foi um membro essencial do movimento estudantil Seichō-no-Ie. Sugano argumenta em seu livro que é Kabushima quem está de fato à frente da organização. Apesar do tom ameaçador da carta, no entanto, a editora não cedeu. A princípio, apenas 8 mil cópias foram impressas; hoje já foram vendidas mais de 200 mil. Pelo menos outros sete livros sobre o grupo foram publicados até hoje; e diversas revistas estão divulgando matérias de capa sobre a organização.

A Nippon Kaigi se tornou muito visada.

Sugano ficou surpreso e aliviado ao ver a Nippon Kaigi e sua influência na política nacional receberem atenção. Ele mesmo é um político conservador que se formou na Universidade do Texas em ciência política antes de voltar para o Japão há mais de uma década. Enquanto vivia no Texas, onde pegou um pouco de sotaque, percebeu como o movimento evangélico cristão exerce influência política e viu algumas semelhanças entre seus métodos e os da Nippon Kaigi. Sugano ainda era um funcionário, um *salaryman*, quando se deu conta da existência do grupo; em 2008, sentiu que o clima nas ruas estava diferente. «De repente um bando de malucos começou a se manifestar», ele diz. Protestos liderados por grupos violentamente xenófobos como o Zaitokukai eram mais frequentes. Ele observou um aumento terrível de suas atividades a cada dia que passava.

Sugano julgou esses movimentos de discurso de ódio preocupantes e começou a se infiltrar em manifestações, documentando os eventos com fotos e gravações. Para entender as motivações de seus membros e apoiadores, começou a perscrutar as publicações conservadoras a que seus comentários on-line frequentemente faziam referência. Os colaboradores que escreviam para essas publicações eram um enigma para ele. Muitos eram consagrados em seus campos, jornalistas e acadêmicos, todos contribuindo em assuntos não relacionados a sua área de especialização. Esse padrão específico o ajudou a ligar os pontos: todos eles pareciam ser membros de um único grupo. Essa percepção o levou à toca do coelho, no fundo da qual encontrou o país das maravilhas revisionista que é a Nippon Kaigi.

Ele descobriu que, para exercer uma influência assim profunda na política e na opinião pública, a Nippon Kaigi se valia de *neto-uyo* (ciberdireitistas que trollam qualquer um que julguem expressar um viés negativo sobre o país), além de intelectuais, políticos e simpatizantes infiltrados na grande mídia. Um de seus objetivos era levar o governo japonês a reinstaurar o calendário imperial, banido pelo governo da ocupação dos Aliados (1945-1952). Se é 2020 no Ocidente, de acordo com o calendário imperial, que se baseia no reinado do imperador atual (que subiu ao trono em 2019), é o ano 2 da era Reiwa. O sistema é

UM PARTIDO, UM IMPERADOR

O Japão é uma monarquia constitucional com um parlamento representativo comandado pelo primeiro-ministro do governo. É o único país do mundo a ter um imperador, cujo papel, definido pela constituição, consiste em simbolizar o Estado e a unidade de seu povo. O parlamento japonês, a Dieta, é composto de uma câmara baixa, a Câmara dos Representantes, e uma câmara alta, a Câmara dos Conselheiros.
O conservador Partido Liberal Democrata, Jiyū-Minshutō (o PLD), é o partido principal e governou o país quase sem interrupção de 1955 a 2009 (exceto por um breve período entre 1994 e 1996), e depois mais uma vez em 2012 com a eleição de Shinzō Abe, sucessor do carismático Jun'ichirō Koizumi (primeiro-ministro entre 2001 e 2006, conhecido por sua paixão por Elvis Presley). Entre 2009 e 2012 o Partido Democrático do Japão (ou PDJ) tomou o poder. Trata-se de um partido progressista que em suas várias formas (ele era o antigo Partido Socialista) já fora por muito tempo o segundo maior do país, mas que em 2017 se dividiu em dois. O mais importante dos outros partidos é o Kōmeitō, de centro-direita, ligado ao movimento budista secular Sōka Gakkai, que, em sua encarnação prévia, Novo Kōmeitō (PNK), formou uma coalizão governamental com o PLD. O Partido Comunista Japonês foi fundado em 1922 e é o mais antigo na Dieta. Há vários outros partidos nacionais e regionais, incluindo o Partido Ainu (que não tem cadeiras), formado para defender os direitos da minoria do povo ainu (ver «Sobre ursos e homens», página 86).

tão confuso que muitos repórteres no Japão carregam consigo uma tabela de conversão para traduzir o calendário imperial para a data internacional.

Sugano também atribui à Nippon Kaigi a ressurreição política do então primeiro-ministro Abe, cuja carreira fora considerada morta depois de sua renúncia repentina em 2007. Ele também acredita que o objetivo deles pode ser alterar radicalmente as seções da constituição que definem o casamento e os direitos das esposas, desse modo «revertendo a equidade sexual e tornando o Japão um país agradável para velhos ranhetas como eles mesmos».

Diversos livros e artigos publicados recentemente pintam uma imagem de uma organização maquiavélica imperiosa que burlou a lei para evitar o registro como um grupo político. Sugano, porém, os vê mais como reacionários sem ideia clara do que querem fazer uma vez alcançados seus objetivos. «Eles têm trabalhado de forma firme e sorrateira com políticos regionais e lobbies para fazer oposição a temas como a equidade de gênero, o reconhecimento de crimes de guerra e mulheres de conforto (escravas sexuais coreanas durante a Segunda Guerra Mundial), a possibilidade de não adotar o nome do marido depois do casamento etc. Na prática eles se opõem a tudo, sem nenhuma visão de futuro.»

Outros pesquisadores notaram a postura em relação à antiequidade de gênero do grupo, mas apontaram que Abe parecia ser sincero sobre promover mulheres no trabalho e que o grupo também tem legisladoras em suas fileiras. Sugano não está surpreso. «O Abe falava muito sobre ‹womenomics› [o empoderamento feminino no mundo dos negócios], mas é tudo conversa. É como um racista texano dizendo: ‹Tenho um amigo negro, então não sou racista›. O fato de que há mulheres na política apoiadas pelo grupo segue a mesma lógica.

Acima e abaixo: Todo ano grupos nacionalistas de extrema direita – incluindo a Nippon Kaigi –, cidadãos civis e oficiais do governo visitam o santuário Yasukuni. Muitos vestem uniformes ou trajes associados ao Exército Imperial e exibem a bandeira imperial japonesa.
Páginas 54-55: Homem num quiosque dentro do santuário ostenta sua parafernália nacionalista.

Há sempre algumas minorias em uma minoria que considera a discriminação aceitável. Ou essas mulheres julgam o apoio do grupo vantajoso para si mesmas – se não para as mulheres em geral.»

O professor Jeff Kingston, historiador do Japão moderno, apontou que, enquanto Abe dizia todas as coisas certas, silenciosamente reduziu de 30% para 15% seu objetivo original declarado de promover mulheres em postos de gerência, e na realidade suas parcas ações eram «um assentimento às realidades patriarcais que expõem a versão de Abe da ‹womenomics› como uma farsa».

Sugano insiste que as «realidades patriarcais» do Japão seriam uma razão por trás da autocensura da mídia japonesa sob a administração de Abe e do longo silêncio em relação à Nippon Kaigi. Ele argumenta que a grande mídia japonesa é liderada por velhos misóginos cujas visões de mundo estão alinhadas com os ideais sexistas da Nippon Kaigi, e, já que eles concordam com seus princípios, não veem necessidade de informar sobre a organização. «Não é autocensura. É mais como um conluio silencioso», ele disse.

A atitude depreciativa da Nippon Kaigi em relação a mulheres e crianças também explica sua evidente oposição à Convenção Internacional sobre os Direitos da Criança das Nações Unidas (UNCRC, na sigla em inglês). Ao perguntar a Sugano por que deveríamos nos preocupar com a influência da Nippon Kaigi, a explicação, com sotaque mezzo Kansai mezzo Kansas, foi: «O PLD, Abe e a Nippon Kaigi têm essencialmente a mesma agenda. O mais assustador é que eles nunca estiveram tão perto de realizar seus sonhos – emendar a constituição para fazer o Japão voltar a ser uma sociedade militarista feudal, onde as mulheres, os jovens e os estrangeiros, incluindo nipo-coreanos, não têm direitos humanos básicos. Eles teriam apenas um direito: o direito de se calar».

SHINZÔ ABE

Descendente de uma longa linha de políticos, Abe foi o primeiro-ministro com mais tempo de cargo na história japonesa, graças a sua vitória para o quarto mandato nas eleições de outubro de 2017. Seu primeiro período de governo foi curto, 2006-2007, atravessado por escândalos ligados a dois de seus ministros da Agricultura, forçados a renunciar com intervalo de poucos dias um do outro. O próprio Abe precisou renunciar, devido a problemas de colite ulcerosa. Sua tentativa de reeleição em 2012 foi baseada no slogan da «Abenomia», um programa ambicioso concebido para combater uma década de estagnação econômica no país com uma política monetária hiperagressiva, uma série de estímulos fiscais e reformas estruturais. Essas medidas foram efetivas, porém não o suficiente para baixar a inflação a 2%, por exemplo. Seu terceiro mandato, de 2014 a 2017, foi mais uma vez seguido de controvérsias, sobretudo em torno de leis que ampliaram o campo de intervenção das Forças de Autodefesa do Japão para o exterior e daquelas que reduziram as liberdades em nome do combate ao terrorismo. E também foi palco de mais escândalos: em um caso, um ministro da Economia teria vendido terras públicas muito abaixo do valor para uma companhia gerenciada por uma escola particular conservadora com a qual a mulher de Abe tinha conexões. Em outro, surgiram correspondências que mostravam o primeiro-ministro fazendo pressão para obter uma licença para uma empresa administrada por um amigo seu. Político conservador e nacionalista, Abe foi frequentemente criticado por seus posicionamentos reacionários e seu revisionismo. Em agosto de 2020, deixou o cargo por motivo de saúde.

«No fim das contas, deve ser difícil venerar alguém – nesse caso, o imperador – que provavelmente o despreza.»

Em 10 de julho de 2016 Mari Yamamoto e eu publicamos «Religious Cult Secretly Running Japan» [A seita religiosa que comanda secretamente o Japão] no *Daily Beast*, e o texto viralizou. O resultado foi que a Nippon Kaigi se sentiu compelida a organizar uma coletiva de imprensa no Clube de Correspondentes Internacionais do Japão (CCEJ). A coletiva de imprensa, em que Tadae Takubo representou o grupo, foi reveladora.

Takubo, professor emérito da Universidade Kyōrin especializado em políticas internacionais, assumiu a presidência da Nippon Kaigi em 2015. Ele foi ao CCEJ supostamente para explicar por que revisar a constituição seria necessário para o Japão moderno e defendeu que a organização e o ex-primeiro-ministro Abe não eram extremistas, mas de centro. As visões de Takubo não são novidade. Na edição de julho de 2015 da revista mensal da Nippon Kaigi, *Nippon no ibuki*, Takubo observou que «Abe é um líder que o paraíso nos concedeu». Ele argumentou que a constituição japonesa deveria ser revista durante o mandato de Abe, defendeu uma emenda ao artigo 9° da constituição e a reentronização do imperador como chefe de Estado. Também apelou por um pacote de leis emergencial, que daria poderes supremos ao primeiro-ministro durante uma crise – algo que muitos críticos acreditam que abriria o caminho para uma ditadura. A implementação dessa lei é algo que o Partido Liberal Democrata vinha defendendo com entusiasmo e ecoava de modo sinistro os comentários do gabinete do vice-primeiro-ministro Asō Tarō sobre aprender com os nazistas e mudar a constituição sorrateiramente antes que alguém se dê conta.

Durante a coletiva de imprensa, Takubo disse que o Japão não estava de todo errado por ter participado da Segunda Guerra Mundial e que parte dos seus feitos estavam certos. Ele não entrou em detalhes sobre como a guerra se justificava, no entanto. Durante seu domínio (1989-2019), o imperador Akihito fez diversos comentários lamentando as atrocidades de guerra cometidas pelo Exército japonês e declarações de que uma guerra nunca mais deveria ser empreendida, o que não está exatamente de acordo com o desejo da Nippon Kaigi de apagar os erros do passado e com seu ardor em tornar o Japão uma potência militar capaz de mais uma vez conduzir uma guerra. Isso leva à pergunta de até onde Takubo e a Nippon Kaigi estariam dispostos a ir para seguir os desejos do imperador. Perguntei a Takubo se ele não via uma contradição em venerar o imperador e ignorar seus comentários, mas em vez de responder ele fez um pequeno discurso a respeito da história imperial do Japão e do papel tradicional do imperador como governante-reverendo xintoísta. Quando foi questionado pela segunda vez: «Você concorda com as afirmações do imperador a respeito do pacifismo e dos males (causados pelo Japão) aos povos conquistados pelo Japão, sim ou não?», Takubo não hesitou: «Tudo que o imperador diz está correto».

Como mencionado anteriormente, o Nippon Kaigi também expressou diversas vezes oposição à UNCRC, e um membro sênior do grupo, Hideaki Kase, ajudou a fundar a Associação de Castigos Corporais, que defende punição física como meio de educar a juventude e fortalecê-la. Quando questionado sobre por que a Nippon Kaigi se opõe ao estatuto da ONU e se a organização era a favor de castigos corporais, Takubo primeiro teve de esclarecer o posicionamento de seu grupo. Ele se recusou a dizer que as visões de Kase e da Nippon Kaigi sobre as políticas de educação infantil eram as mesmas, mas isso não o impediu de expressar sentimentos similares a respeito do assunto.

Takubo então parafraseou alguns relatórios de Lafcadio Hearn (1850-1904), escritor popular no Japão, que registrou suas observações sobre a sociedade durante a guerra russo-japonesa de 1904-1905. «Hearn observou que era permitido às crianças japonesas serem tão livres e estridentes que, mesmo que se mostrassem incovenientes em um restaurante, eram deixadas completamente em paz, então não há castigo físico no Japão. Hearn também observou que a sociedade japonesa é muito mais dura com os jovens quando eles entram na universidade, mas que o castigo físico deveria ser instilado muito antes para ensiná-las a se comportar.» Takubo tinha esperança de que no futuro o Japão pudesse adotar uma política educativa mais severa. «Quando se trata de crianças, deve haver punição física, como palmadas, se elas não se comportarem bem, assim como fazem nos Estados Unidos», disse Takubo.

Quando a coletiva de imprensa terminou, Tamotsu Sugano tinha algumas observações. Ele acreditava que a declaração de Takubo colocava o grupo em uma terrível contradição. «O imperador e o príncipe herdeiro [hoje o imperador Naruhito] parecem ser bastante pacifistas. Se ‹tudo que o imperador diz está correto›, então o grupo precisa reavaliar muitas de suas visões equivocadas. Imagine o que pode acontecer se o imperador disser que não se deve tocar na constituição pacifista.»

A Nippon Kaigi é fanática a respeito do restabelecimento do imperador como chefe de Estado e da rotina de membros do parlamento visitarem o santuário Yasukuni para os mortos na guerra. Por ironia, o imperador Hirohito (1901-1989), postumamente conhecido como imperador Shōwa, parecia nutrir um forte desdém pelos extremistas nacionalistas. A partir do momento que veio à luz, nos anos 1970, que o santuário Yasukuni escondeu diversos criminosos de alto escalão da Segunda Guerra Mundial, o imperador Hirohito parou de visitá-lo, embora nunca tenha declarado a razão. Seu filho, o antigo imperador Akihito, tampouco o visitou. O ex-primeiro-ministro Abe visitou o santuário em 2013, e os membros de seu gabinete faziam da visita uma rotina bastante regular.

Se o objetivo da coletiva de imprensa era retificar a imagem do grupo como organização religiosa ultranacionalista, não se pode considerar que tenha sido bem-sucedida. No entanto, eles conseguiram alguns pontos em relação à emoção. Era difícil não sentir uma pontada de compaixão pelo sr. Takubo, de aparência frágil, e até por alguns dos outros membros da Nippon Kaigi. No fim das contas, deve ser difícil venerar alguém – nesse caso, o imperador – que provavelmente o despreza. Embora Takubo tenha de fato falado publicamente em maio de 2018 sobre seu apoio às reformas constitucionais propostas por Abe, o grupo, em sua maioria, evitou a luz da ribalta desde a coletiva de imprensa. No entanto, o documentário independente *Shusenjo: The Main Battleground of the Comfort Women Issue* (Miki Dezaki, 2019) recentemente colocou o grupo e seus líderes sob o holofote mais uma vez, para grande decepção deles, e o filme foi exibido no mundo inteiro. O público, em geral, mostrou-se bastante indiferente.

O único obstáculo substancial no caminho deles parece ser, ironicamente, o antigo imperador, que se aposentou em 2019, e o imperador atual, as duas figuras que o grupo quer divinizar, mas que não têm nenhum interesse ou desejo de promover um retorno ao Japão imperial – mas nem a Nippon Kaigi realmente parece estar prestando muita atenção a seus deuses. 🕊

Por que não há populismo no Japão

A análise otimista de uma das principais autoridades em assuntos japoneses: apesar do nacionalismo do ex-primeiro-ministro Shinzō Abe, o país permanece com suas raízes na classe média, na qual a harmonia social ainda prevalece. Como resultado, o Japão evitou a onda de populismo que atualmente abala tantos países ocidentais e outras nações.

IAN BURUMA

Plateia de uma apresentação em um parque temático havaiano em Iwaki, província de Fukushima.

Mesmo com uma onda de populismo de direita varrendo a Europa, os Estados Unidos, a Índia, o Brasil e partes do Sudeste Asiático, o Japão parece até agora estar imune. Não há demagogos japoneses como Geert Wilders, Marine Le Pen, Donald Trump, Narendra Modi, Jair Bolsonaro ou Rodrigo Duterte, que exploraram ressentimentos reprimidos contra as elites culturais ou políticas de seus países. Por quê?

Talvez o mais próximo que o Japão já tenha chegado disso tenha sido o ex-prefeito de Osaka, Tōru Hashimoto, que ficou famoso como personalidade televisiva e depois se desgraçou em anos recentes ao elogiar o uso de escravas sexuais nos tempos de guerra pelo Exército Imperial Japonês. Suas visões ultranacionalistas e hostis às mídias progressistas eram uma versão do populismo de direita que hoje nos soa muito familiar. Mas ele nunca conseguiu se alçar à política nacional.

Hashimoto oferecia aconselhamento gratuito ao ex-primeiro-ministro Shinzō Abe sobre o endurecimento das leis de segurança nacional. E nisso reside uma explicação para a aparente ausência de populismo de direita no Japão. Ninguém poderia estar mais identificado com a elite política do que Abe, neto de um ministro de gabinete dos tempos de guerra, posteriormente primeiro-ministro, e filho de um ministro das Relações Exteriores. E no entanto ele compartilha da hostilidade de populistas de direita em relação a acadêmicos, jornalistas e intelectuais progressistas.

A democracia japonesa do pós-guerra foi influenciada nos anos 1950 e 1960 por uma elite intelectual de esquerda que buscou conscientemente distanciar o Japão do nacionalismo dos tempos de guerra. O ex-primeiro ministro Abe e seus aliados tentaram minar essa influência. Seus esforços para revisar a constituição pacifista japonesa, restaurar o orgulho de seus feitos de guerra e desacreditar as grandes mídias «elitistas», como o jornal de centro-esquerda *Asahi Shimbun*, renderam-lhe elogios do antigo estrategista de Donald Trump, Stephen Bannon, que chamou Abe de Trump antes de Trump. Em certos aspectos o raciocínio de Bannon estava correto. Em novembro de 2016 Abe disse a Trump: «Eu consegui amansar o *Asahi Shimbun*. Espero que você consiga o mesmo com o *New York Times*». Até como piada entre os dois então supostos líderes democráticos ela foi infame.

Portanto é possível dizer que os elementos do populismo de direita estiveram no cerne do governo japonês, incorporados pelo rebento de uma das famílias mais elitistas do país. Esse paradoxo, no entanto, não é a única explicação para a ausência de uma versão japonesa de Le Pen, Modi, Bolsonaro ou Wilders.

Para que demagogos possam incitar ressentimentos populares contra estrangeiros, cosmopolitas, intelectuais e liberais, deve haver disparidades financeiras, culturais e educacionais amplas e óbvias. Esse era o caso do Japão em meados da década de 1920, quando extremistas militares encenaram um golpe frustrado que tinha como alvo banqueiros,

IAN BURUMA é um escritor e acadêmico de origem holandesa, naturalizado britânico, que estuda culturas orientais com um interesse particular pelo Japão assim como por literatura chinesa e cinema japonês. Entre as obras que publicou estão *Ocidentalismo: O Ocidente aos olhos de seus inimigos* (Zahar, 2006), *Murder in Amsterdam: The Death of Theo van Gogh and the Limits of Tolerance* (Atlantic, 2006), *Ano Zero: Uma história de 1945* (Companhia das Letras, 2015) e *A Tokyo Romance: A Memoir* (Atlantic/Penguin, 2018).

O público em um desfile de quimonos em um hotel em Ginza, Tóquio.

empresários e políticos que estavam, a seu ver, corrompendo a política japonesa. O golpe foi apoiado por soldados que em muitos casos haviam crescido em áreas rurais pobres. E cujas irmãs talvez tivessem sido vendidas para bordéis de grandes cidades, para que suas famílias sobrevivessem. As elites urbanas cosmopolitas ocidentalizadas eram o inimigo – e a opinião pública estava em grande parte do lado dos rebeldes.

O Japão contemporâneo pode ter suas falhas, mas é hoje muito mais igualitário do que os Estados Unidos, a Índia ou muitos países europeus. Impostos elevados tornam difícil legar patrimônio como herança. E, ao contrário dos Estados Unidos, onde a prosperidade material é ostentada – notavelmente pelo próprio ex-presidente Trump –, os japoneses mais abastados tendem a ser discretos. Mais do que os Estados Unidos, é o Japão o verdadeiro país da classe média.

O ressentimento se alimenta de uma ideia de humilhação, uma perda de orgulho. Em uma sociedade na qual o valor humano é medido pelo sucesso pessoal, simbolizado pela fama e pelo dinheiro, é fácil se sentir humilhado por uma relativa falta de ambos, por ser apenas mais um rosto na multidão. Em casos extremos, indivíduos desesperados assassinarão um presidente ou um astro do rock apenas para aparecer nos noticiários. Os populistas encontram apoio entre aqueles rostos ressentidos na multidão, pessoas que sentem que as elites as traíram ao privá-las de seu sentimento de orgulho de sua classe, sua cultura e sua raça.

Esse fenômeno ainda não ocorreu no Japão, e a cultura nacional pode ter alguma coisa a ver com isso. A autopromoção, no estilo americano, é vista com maus olhos. Na verdade, o Japão tem uma cultura de celebridades, impelida pelas grandes mídias, mas o

Abaixo: Membros de um coral em um centro da terceira idade em Tóquio.

Páginas 62-63: A piscina de um parque temático havaiano em Iwaki em um domingo de agosto.

SHOKUNIN

Shokunin é um termo intraduzível, mas essencial para entender a ética japonesa. Significa algo como «artesão ou artífice devotado ao trabalho» e é aplicado a todos os setores, até nos trabalhos mais humildes, repetitivos e mal pagos que seriam muito menos respeitados em outros lugares. No Japão, no entanto, todo trabalhador parece ter orgulho de sua própria contribuição à sociedade e estar comprometido a dar o seu melhor. O espírito do *shokunin* explica o perfeccionismo, a atenção obsessiva a detalhes compartilhada por todos, de cozinheiros a artesãos, e o respeito por todos os assalariados. Ele também permite que pessoas que trabalham como caixas de supermercado, operadores de call centers e funcionários de vestiários se sintam menos alienados, tenham orgulho de seu ofício e um sentimento de que estão sendo úteis à sociedade. Quando levado ao extremo, esse sentimento de dever e absoluta dedicação à causa pode levar à exaustão e até a *karōshi*, morte por excesso de trabalho (ver página 140).

> «Há diversas razões para que os governos japoneses tenham resistido ao neoliberalismo: interesses corporativos, privilégios burocráticos e políticas corruptas de vários tipos. Mas preservar o orgulho do emprego, ao custo da eficiência, também é uma delas.»

valor próprio é definido menos pela fama ou riqueza individual e mais por ter um lugar em um projeto coletivo e dar o melhor de si na função de que se é encarregado.

As pessoas nas lojas de departamentos parecem ter orgulho genuíno de embrulhar as mercadorias com esmero. Alguns trabalhos – pense naqueles homens de meia-idade uniformizados que sorriem e se curvam para os clientes que entram nos bancos – parecem ser de todo supérfluos. Seria ingênuo presumir que essas tarefas proporcionam uma imensa satisfação, mas elas dão às pessoas uma ideia de pertencimento, um papel na sociedade, por mais humilde que seja.

Enquanto isso, a economia doméstica japonesa continua sendo uma das mais protegidas e menos globalizadas do mundo desenvolvido. Há diversas razões para que os governos japoneses tenham resistido ao neoliberalismo promovido no Ocidente desde os anos Reagan/Thatcher: interesses corporativos, privilégios burocráticos e políticas corruptas de vários tipos. Mas preservar o orgulho do emprego, ao custo da eficiência, também é uma delas. Se isso sufoca o projeto individual, que seja.

O thatcherismo provavelmente tornou a economia britânica mais eficiente, mas, ao acabar com sindicatos e outras instituições estabelecidas da cultura da classe trabalhadora, os governos também removeram fontes de orgulho de pessoas que costumam ter trabalhos desagradáveis. Eficiência não cria uma ideia de comunidade. Aqueles que hoje se sentem à deriva atribuem a culpa de seus apuros às elites que são mais bem-educadas e às vezes mais talentosas e que portanto têm mais probabilidade de prosperar em uma economia global. Uma das consequências mais irônicas disso tudo foi que muitas dessas pessoas ressentidas nos Estados Unidos elegeram como presidente um bilionário narcisista que se gabava de sua riqueza, seu sucesso pessoal e sua inteligência. Não é provável que algo assim aconteça no Japão. Podemos aprender algo valioso ao refletir sobre os porquês.

Banana Yoshimoto
Um simples obrigada

Uma carta de amor de Banana Yoshimoto a Shimokitazawa, bairro de Tóquio onde a escritora morou por muitos anos, dá a ela a oportunidade de refletir sobre as emoções e as lembranças ligadas a sua casa, mas também à indiferença corroborada pelos atuais sistemas de seguro e prestação de serviços do país.

Um panorama de Shimokitazawa, região de Tóquio.

BANANA YOSHIMOTO, filha de Takaaki Yoshimoto, um dos intelectuais mais famosos do Japão, tornou-se, por sua vez, uma das mais importantes escritoras de seu país, conquistando inúmeros leitores desde a sua estreia com *Kitchen* (publicada em japonês, em 1988, e em inglês, em 1993), um sucesso literário que vendeu mais de 5 milhões de exemplares em todo o mundo. Outros romances publicados em inglês incluem *Amrita* (Grove Press, 1997), *Asleep* (Grove Press, 2000), *Goodbye Tsugumi* (Grove Press, 2002) e *Moshi Moshi* (Counterpoint, 2016).

Tive um motivo para mudar de casa novamente, dessa vez para um endereço a uma estação de Shimokitazawa. Portanto, minha cidade mais próxima – se é que se pode chamá-la de cidade – ainda é Shimokitazawa.

Tenho a impressão de que é a última mudança que vou fazer, e ela me suscitou emoções variadas, sob diversos aspectos. A sensação perturbadora de que talvez esse possa ser exatamente o endereço onde vou morrer; a ideia angustiante de que os bichos que vivem comigo sem dúvida vão morrer aqui também.

É a primeira vez que tenho essas sensações a respeito de onde moro, e por essa exata razão tenho um pressentimento de que essas coisas de fato vão acontecer. Esta casa será o ponto de partida de onde sairei para ir a tantos lugares, e a base para onde voltarei.

Quando entrei aqui pela primeira vez, tive a certeza de que era o lugar com que sonhava havia muito tempo. Essa certeza me acompanhou ao longo da mudança. Tudo correu tranquilamente, e questões de dinheiro, de tempo e todas as outras dificuldades de alguma maneira se resolveram bem. A eu-criança que vive em mim no começo se sentiu triste por um tempo, abraçando os joelhos, sem conseguir se adaptar à troca. Mas meus animais, que na última mudança haviam protestado, dessa vez se acostumaram rápido, e as coisas seguiram bem e conforme o programado. A mudança foi difícil, sim, mas dessa vez eu não estava lutando contra a corrente, então o prejuízo foi mínimo.

Itchan e Masako, que vieram ajudar, carregaram e dispuseram meus objetos preciosos com extrema simpatia e cuidado. O marceneiro e o jardineiro, velhos amigos meus, fizeram um serviço excelente. Mesmo em pleno inverno, eles não pouparam esforços; trataram da construção da casa e da instalação das plantas no jardim com o mesmo imenso cuidado que teriam com suas próprias casas. Até hoje, quando penso nisso, me dá vontade de chorar.

Dessa vez também tive muitas experiências bizarras com as transações com a imobiliária e o banco, em geral muito felizes e bem-sucedidas. O bilhete do mestre de obras dizendo «Obrigado pelo café; estava delicioso» me fez sorrir; as histórias que o arquiteto contou sobre sua primeira infância me encheram de desejo de cuidar dessa casa que ele projetou. O corretor imobiliário era um homem esperto e interessante, e toda a família ficou fã dele.

***

O ramo imobiliário mudou muito, sob diferentes ângulos, desde minha última experiência nesse universo.

A verdade é que, não importa quão cuidadosa seja a pessoa, ao alugar ou comprar, ela vai estar sempre do lado que sai perdendo. Não há nada que se possa fazer. As pessoas simplesmente estão em uma posição mais vulnerável. Nesta época em que as transações comerciais envolvem boa dose de exploração, imprimir a cláusula de violação de compromisso em letras minúsculas é um dos comportamentos menos antiéticos.

Para dar um exemplo, o contrato da casa que vendi tinha uma cláusula que estabelecia uma «garantia de dez anos contra defeitos na construção», com uma cláusula adicional que cobria qualquer mudança de proprietário de escritura ao longo desse período, chamada «acordo de revenda especial». Essa garantia contra defeitos significa que, em caso de vazamentos ou deterioração dos materiais, o que é claramente responsabilidade do construtor, o corretor imobiliário exigirá que o seguro pague a conta pelos consertos. Mas, na realidade,

UMA ODE A SHIMOKITAZAWA

Shimokitazawa é uma uma zona de Tóquio no bairro de Setagaya, a cerca de três quilômetros a oeste de Shibuya, onde fica o cruzamento de pedestres mais movimentado do mundo. Descrita por muitos como a vizinhança mais descolada da capital, em anos recentes Shimokitazawa se tornou muito popular entre os jovens graças às inúmeras lojas vintage e de design do século xx, estabelecimentos à moda antiga, restaurantes familiares, bares, casas noturnas e teatros underground. Em suas ruas, em sua grande maioria sem tráfego, pode-se desfrutar de uma atmosfera tranquila e intimista, que às vezes lembra um Japão de outros tempos. Banana Yoshimoto mora na área há muitos anos e a escolheu como cenário de um de seus romances mais conhecidos, *Moshi Moshi* (Counterpoint, 2016), lançado no Japão em 2010. Em 2016 ela publicou *Shimokitazawa ni tsuite*, uma antologia de dezenove textos (da qual este artigo foi tirado) dedicados a seu bairro: memórias, encontros, anedotas e reflexões que transmitem a felicidade inesperada que ela descobriu ali.

se o construtor ou o corretor imobiliário optarem por bater o pé e se negarem, o que acontece é que você não pode registrar outro proprietário, de modo que esse «acordo de revenda especial» na verdade não é executável legalmente.

Não me falaram nada disso quando assinei o meu. Quando comprei o imóvel, tudo que ouvi foi: «Não se preocupe, há um acordo de revenda para que você possa passar para frente quando quiser, e a garantia continua. Esperamos que a gente faça novos negócios no futuro...», e lá iam eles com o dinheiro. Então, mais tarde, o que diziam era: «Ah, não, não há essa possibilidade. Veja, a construtora não aceita mudança do nome do proprietário registrado hoje em dia... blá-blá-blá», e me dei conta de que tinha sido passada para trás.

Por sorte me mudei para um lugar não muito distante, então o problema não é tão grave, mas, se eu tivesse ido para outra região do país ou para o exterior, como proprietária da escritura eu teria de pegar um avião sempre que acontecesse alguma coisa errada, contratar empreiteiros para tocar a obra, supervisionar os reparos e assim por diante.

Então de que exatamente se trata essa «garantia de dez anos»? Eu gostaria de saber.

Quem assinou o contrato foi você, então é você que se encarrega de tudo agora. Não tem nada a ver conosco. Mas, quando se trata de inspeções e similares, quando ocuparemos uma posição em que podemos lucrar, estaremos lá num piscar de olhos... E é provável que esses trapaceiros ainda estejam descaradamente vendendo propriedades hoje. É claro, não se trata apenas desse corretor imobiliário. Ouvi dizer que todas as grandes construtoras fazem coisas parecidas. Em outras palavras, esse tipo de exploração semilegal é hoje absolutamente padrão.

Lá se foram os dias em que você construía uma casa sólida e habitável, podia vendê-la para uma pessoa que ficaria encantada com a compra, e, se essa pessoa por sua vez a revendesse, acabava sua responsabilidade pelo imóvel que tinha construído. Agora está mais para: «Graças a Deus. Até agora eles estão topando tudo». As pessoas da minha idade só podem balançar a cabeça, perplexas. Esse não é apenas um caso de nostalgia dos Bons e Velhos Tempos – afinal, muitas coisas hoje são melhores do que costumavam ser.

Mas sinto que é um grande erro presumir que o sistema atual irá continuar para sempre como está. Desde que o mundo é mundo, aqueles que estão prontos a nos passar para trás mais cedo ou mais tarde terão um fim, assim como aconteceu com a energia nuclear no Japão.

Escrevi sobre isso em algum outro lugar: se os seres humanos não tratarem os outros seres humanos como seres humanos, em algum momento vamos pagar por isso.

Considerem-se, por exemplo, subempreiteiros que ganham a vida fazendo-se odiar por todo mundo, porque em vez de efetuar visitas para controlar a manutenção do imóvel eles se dedicam a um processo de checagem que é quase o equivalente a um jogo de encontrar erros. Enquanto isso as empreiteiras ficam descaradamente com a melhor parte, sem sujar as mãos.

Ou subempreiteiros encarregados de montar os móveis, ou instalar o ar-condicionado, que devem seguir um cronograma rigoroso estipulando o número de serviços a serem feitos a cada dia. Se cometem um erro, são descontados, então a única opção deles é encerrar a visita o mais rápido que podem, tomando todo o cuidado de nunca cometer um deslize, e logo passar para o endereço seguinte.

Estamos em uma época em que o banco irá recomendar a uma pessoa de 85 anos que aplique seu dinheiro em um investimento com regaste dali a dez anos.

Aqui no Japão, funcionários de banco ou de seguradoras sairão batendo à porta das pessoas de idade que moram sozinhas para tentar persuadi-las a fazer aplicações desse tipo. Com sorrisos e salamaleques, eles realocam o dinheiro da pessoa, e quando ela vai parar no hospital fica sabendo que existe no contrato alguma cláusula que não autoriza seu tratamento.

O Japão é diferente dos Estados Unidos, não dá para andar mais de cem quilômetros sem sair do mapa. Simplesmente as coisas não podem ser feitas do mesmo jeito aqui. Mas tenho a impressão de que, embora a maneira como se é ludibriado em outros países possa ser mais impiedosa, pelo menos eles usam menos subterfúgios.

Uma rua em Shimokitazawa.

Uma coisa boa a respeito dos japoneses é que às vezes aparece alguém capaz de dar um jeito em todas essas situações, o tipo de pessoa que pode mudar o mundo do zero. É por isso que você pode se permitir ter esperanças.

«Todo mundo está fazendo isso, e nós todos temos de botar comida na mesa, então não faz sentido ficar caraminholando essas coisas», você pode argumentar. Mas esse é um grande erro. Por quê? Porque sempre e por toda parte, antigamente e agora, ainda estamos lidando com outros seres humanos.

Seres humanos querem ser felizes, querem tranquilidade, querem manter relações amigáveis com pessoas honestas. E, enquanto for assim, em qualquer momento e em qualquer lugar, vai vigorar o grande princípio de causa e efeito, essa lei cármica inalterável e universal, que diz que colhemos o que plantamos.

***

Sempre que vejo uma escada, penso na minha mãe.

Quando ela não podia mais andar, instalamos uma cadeira elevatória em sua casa.

Minha mãe fazia as refeições no quarto de hóspedes no térreo, e, quando se cansava de ficar lá, a levávamos até a cadeira e ela ia para seu quarto no piso superior. Subia com um sorriso, um aceno e as palavras «Bem, te vejo mais tarde», acompanhada pela musiquinha que tocava quando a cadeira estava em movimento.

Sorria como uma popstar que sai de cena.

Sinto muita pena que minha pobre e muito sensível mãe tenha tido uma vida com tão poucos sorrisos como esse, e me parece uma bênção que assim que foi acometida por uma ponta de demência ela passasse os dias a sorrir. Certo grau de relaxamento parece ser mais conveniente para a felicidade humana.

Bem, de qualquer modo, assim que me mudei para a casa nova, caí da escada.

Estava fisicamente exausta, com a cabeça em outro lugar e aflita porque precisava correr para o aeroporto.

Então desabei, batendo forte meu cóccix à medida que rolava escada abaixo. Quando me olhei no espelho, os hematomas pareciam ter dividido minhas costas em quatro com a precisão de uma régua.

Chorei de dor. O cachorro me consolou com umas lambidas. Mas eu não conseguia ficar de pé nem me sentar, o menor movimento provocava um «Ai!».

Apesar disso, assim que fui capaz de andar um pouco, segui para Hokkaido, como planejado. Gania de dor enquanto o avião pousava em Sapporo, a capital, e ao chegar ao hotel tive febre e fiquei de cama. Do lado de fora havia um mundo congelado de torvelinhos de neve desenfreados. Meu ânimo despencou, mas mesmo assim me arrastei à sede do restaurante Magic Spice, como havia programado.

O Magic Spice, que também tem uma filial em Shimokitazawa, perto de onde eu moro, é especializado em curry. O dono, Shimomura-san, é um homem que já sofreu um sequestro na Tailândia, já desenvolveu poderes paranormais e deu consultas como sensitivo; enfim, um sujeito que de modo geral teve uma trajetória profissional suspeita até compreender que sua missão era levar saúde às pessoas por meio de curries apimentados. Talvez o brilho caótico no interior do restaurante seja um reflexo de toda a complexidade desse seu mundo.

Ainda que lesse um livro inteiro sobre Shimomura, não seria possível entender racionalmente qual é a dele. Basta conhecê-lo, porém, e logo se vê como ele é afiado, e no entanto sereno e totalmente generoso. Sua filha, Hitomitoi, é uma cantora conhecida, cuja voz delicada me agrada muito. Sua mulher é uma pessoa esplêndida que brilha como o sol. Toda a família se dá muito bem, irradia uma sensação de harmonia natural.

Talvez fosse o poder do carma de Shimomura-san, ou a gentil acolhida, mas, embora eu tivesse me arrastando até lá em considerável dor, só de me sentar e tomar uma tigela de sopa de curry senti o ânimo melhorar e a saúde voltar. Acabei me sentindo tão mais disposta que, apesar de toda a agonia, estava feliz.

Quando falei da dor nas costas, Shimomura-san e sua mulher trouxeram uma preciosa pomada que tinham comprado na Tailândia e, na hora de ir embora, me ajudaram a descer as escadas com cuidado. Isso despertou em mim a vívida memória do toque dos meus pais. Talvez tenha sido o que realmente fez as coisas melhorarem.

Na primeira vez que fui ao Magic Spice, me surpreendi com a quantidade de verduras no curry, o adocicado típico de Hokkaido, a atitude dos garçons. Quanto à comida, por que não fazer a turista e dar uma chance?

À medida que passei a frequentar o restaurante, no caminho de volta para casa me pegava pensando alegre que eu na verdade gostava de comer um monte de verdura. E lembrava de todas as boas especiarias que vinham junto. E da afeição e gentileza com que eu havia sido recebida. Gostava cada vez mais do lugar. Aquele sabor adocicado remontava a uma gentileza ancestral. É sempre uma felicidade testemunhar a realização de um mundo nascido da imaginação de alguém, e era essa a impressão que o interior do restaurante transmitia. Eu sentia que era um lugar com raízes profundas – não do tipo criado de encomenda ou na trilha de algum vago conceito de «estilo asiático», mas um lugar onde tudo que está lá tem uma razão e vem de alguma parte profunda. É essa a impressão que eu tinha.

Meu cóccix ainda doía, mas em compensação eu me sentia ótima.

Havia amor verdadeiro naquela comida. A atenção com que aqueles amigos me trataram, a preocupação que demonstraram; o modo silencioso como me encorajaram; a eficiência dos garçons – tudo isso entrou em meu coração da mesma forma como acontece com o amor. Do lado de fora da janela havia um mundo da neve alvíssima em que alguém como eu poderia escorregar com facilidade e bater mais uma vez o cóccix dolorido. No entanto, de alguma maneira, eu me sentia segura.

Recebia amor, devolvia gratidão – o que vai também volta.

Essa é a essência das relações humanas, aliviar o fardo até dos problemas mais pesados que cada pessoa carrega. Como seria bom se o mundo funcionasse assim.

***

A casa em que vivemos por muito pouco tempo – aquela com a garantia sem efeito – era sensacional.

A mudança para aquela casa foi uma experiência penosa – briguei com minha família, perdi o sono de tanto pensar, fiquei mal, visitava constantemente Funabashi, cenário do romance que pretendia escrever.

A casa era tão pequena que não dava para imaginar que pudesse hospedar uma família, mas, por mais transitórios que fôssemos, ela nos acolheu muito bem. Nenhum problema, uma atmosfera sempre delicada, doce, leve.

Lembro de uma noite de verão sem chuva em que voltei cambaleando, morta de cansaço, de Funabashi e fui andando da estação Setagaya Daita para casa. Cumprimentei a velha sra. Yamazaki, e meus pés calçados em sandálias continuaram claudicando. Carregava uma braçada de pães que havia comprado em Funabashi.

Ah, pensava, pelo menos reuni todo o material de que precisava sobre a região. Foi bem divertido, pena que tenha acabado. Vai ser bom terminar o romance, mas nunca mais vou descer em Funabashi com a sensação de que de algum modo eu moro lá... Assim pensando, levantei os olhos e vi minha casa.

Sob o céu do verão, ela parecia irradiar boas-vindas. As folhas de lótus e o nome da minha família na placa. A fachada estava iluminada e as paredes resplandeciam de um branco luminoso.

Esse era um espaço que sempre tinha nos amado, cem por cento.

A ideia de abrir mão dele era tão assustadora que me dava vontade de chorar, mas o novo é sempre assustador.

Vou me acostumar à casa nova e escreverei muitos livros nela.

A casa nova foi uma escolha visando a eficiência, e mesmo o fato de ter me lançado escada abaixo mostra que sob muitos aspectos ela é exigente, não é amável como a outra. Há um certo clima severo, como que de desafio. Talvez ainda esteja estudando por que não nos comportamos propriamente como adultos, e por isso hesita em se mostrar doce e acolhedora. Tenho a impressão de que vai levar tempo para a gente se conhecer, mas acredito que seja um lugar sem sombras.

Na primeira noite depois da mudança, nos sentamos para assistir televisão e comer uma pizza. Ao olhar para aqueles amigos e aquela família que amo, fui tomada pela ideia de que aquela era de fato a nossa casa.

E, no entanto, o breve e maravilhoso período vivido na outra casa vai permanecer sempre comigo.

Muitas vezes saía na varanda bem quando a velha senhora da casa ao lado surgia na dela, e ficávamos ali conversando, fofocando sobre o bairro, as duas de pijama.

A velha senhora estava sempre cansada porque coletava contribuições para a associação do bairro; quando me ofereci para ajudá-la, ela sorriu com aqueles seus lábios cuidadosamente pintados de vermelho-vivo e declarou estar convencida de que, se não tivesse esse trabalho para fazer, ficaria senil.

E havia também a família encantadora que sempre passeava com seu cachorro e seu gato.

Doía pensar que, embora não tivesse me mudado para longe, não viveria mais no mesmo ritmo que aquelas pessoas.

**

Agora quero olhar para cima, olhar para a frente, viver este momento, o presente.

Como com meu filho: é verdade que tenho saudade dos tempos em que ele era criança, me aperta o coração quando bato os olhos nos livros ilustrados que lia para ele, quando vejo seus brinquedos, mas sou mais feliz em poder vê-lo como ele é hoje.

A verdade é que o tempo que tenho nesta vida é apenas agora.

Adeus, minha querida, minúscula, doce velha casa. Eu só queria dizer obrigada. 🐦

Ryū Murakami
O declínio do desejo

A incapacidade de se emocionar, o desaparecimento do desejo e o aumento dos casos de depressão segundo uma das principais vozes da literatura japonesa. Ryū Murakami se pergunta se a instabilidade socioeconômica que atingiu o país no fim dos anos 1980 não poderia ser a responsável por tantas transformações na sociedade nipônica.

O conjunto habitacional popular (*danchi*) em Takashimadaira é conhecido como o «*danchi* do suicídio» por causa do número de pessoas que se jogaram dos andares mais altos de seus prédios; para prevenir futuras tentativas de suicídio, agora foram instaladas redes protetoras.

RYŪ MURAKAMI é escritor, ensaísta e roteirista japonês. Ele cresceu em contato com a cultura ocidental por meio de uma base militar norte-americana. Estreou na literatura em 1976 com o premiado *Almost Transparent Blue* (1976; traduzido para o inglês em 1977); outras obras suas incluem *Miso Soup* (Companhia das Letras, 2005) e *Tokyo Decadence* (Kurodahan, 2016). Murakami também dirigiu cinco filmes baseados em seus romances.

Há alguns anos dei o título de *Jisatsu yori wa sex* – cuja tradução é «Sexo em vez de suicídio» – a uma antologia de ensaios cujo tema era amor e mulheres (publicado pela kk Bestsellers, 2003; sem edição em inglês ou português). Para mim, o suicídio é uma coisa terrível, e por isso considerei chamar o livro de «Assassinato em vez de suicídio». Acabei por escolher «sexo» porque a alternativa era simplesmente perigosa demais. Foi então que o tom geral desses escritos passou por uma mudança sutil, da qual eu mal me dei conta.

O *gōkon*, por exemplo, que é um encontro organizado para conhecer pessoas do sexo oposto. Eu costumava ser crítico em relação às mulheres que participavam desses encontros, acho mesmo que as desprezava. Dizia para quem quisesse ouvir que elas não deviam participar dessas reuniões, achava patético.

Devo admitir que nunca fui a um. Para começo de conversa, sou bem conhecido, então tenho de tomar cuidado com o modo como me comporto em público. Mas o mais importante é que, se me deparasse com um punhado de mulheres às quais tivesse acabado de ser apresentado, eu não saberia sobre o que conversar. Por muito tempo pensei que seria tristíssimo ir a um *gōkon* com a esperança de encontrar uma companhia ou mesmo um cônjuge – e essa, fundamentalmente, continua sendo a minha opinião. Mas agora acho uma saída legítima: em vez de se bater com pensamentos suicidas, por que não recorrer a um *gōkon* para se divertir um pouco? Não tem nada de mais.

O mesmo vale para a cirurgia plástica. Eu costumava pensar que se a pessoa quer melhorar a autoestima ela não deveria se submeter a cirurgias, mas recorrer a outros meios – e essa, fundamentalmente, continua sendo a minha opinião. Mas, se a aparência dela representa um obstáculo em suas relações interpessoais, a cirurgia plástica pode ser uma solução para a pessoa não se entregar a um estado de espírito tão infeliz que a leve a considerar o suicídio.

E quanto a quem trabalha no ramo de entretenimento adulto? Devemos culpá-los? Se o hoje obsoleto *enjo kōsai* – encontros com *sugar-daddies*, a última moda há algumas décadas –, ou as donas de casa que se prostituem podem ser consideradas práticas moralmente inaceitáveis, o mais grave são os riscos de a pessoa contrair doenças ou pôr em perigo sua segurança, ou pior, se vender como uma mercadoria barata. Aliás, foram esses os temas do meu romance *Rabu ando poppu* («Amor e pop»; Gentōsha, 1996; sem edição em inglês ou em português). De qualquer modo, tudo isso é melhor que o suicídio.

Também costumava ser ácido quanto à veneração dos japoneses por grifes. Já escrevi mais de uma vez que as jovens nos principais países da Europa Ocidental não têm bolsas Louis Vuitton e tudo o mais, e repeti a mesma coisa em entrevistas. Na Itália e na França, sobretudo, fabricam-se bolsas de design e funcionalidade superiores às da Louis Vuitton, de modo que as jovens não têm necessidade de bolsas exclusivas. Minha opinião continua a mesma. Mas, se a posse de uma Louis Vuitton vai melhorar o modo como a pessoa se sente, bem, paciência.

***

Não é que hoje eu pense de modo menos radical, nem que tenha ficado mais condescendente com a idade. Nada disso: me dei conta de que há coisas mais prioritárias. Nos últimos anos houve um

ENCONTROS EM TEMPOS DE CRISE

No Japão, um *gōkon* é um encontro coletivo às cegas para pessoas que esperam conhecer um parceiro ou simplesmente fazer amigos. Em geral, um homem e uma mulher que se conhecem organizam o *gōkon* com antecedência, e cada um deles se compromete a levar três ou quatro amigos convenientes consigo, com o propósito de formar um grupo com o mesmo número de homens e mulheres. Eles costumam se encontrar em um *izakaya*, um bar onde as pessoas podem comer, beber, conversar e flertar. O termo *gōkon* remonta aos anos 1970 e deriva da palavra japonesa *konpa* (do alemão, *Kompanie* – «companhia», em português –, que designa uma reunião de membros de um grupo, classe ou clube) e *gōdō*, «junto». Em um país onde 35% dos homens na faixa dos trinta anos nunca teve uma namorada e o número de pessoas solteiras cresce constantemente, o *gōkon* pretende dar às pessoas a oportunidade de fazer amizades e talvez se engajar em relacionamentos mais duradouros. Muito presente na sociedade japonesa, esse tipo de evento atrai universitários e continua no mundo profissional, já que agendas extremamente cheias e uma cultura corporativa exigente e competitiva restringem o tempo para conhecer pessoas.

crescimento notável de depressão clínica no Japão. Os números absolutos ainda são baixos se comparados ao resto do mundo, mas não há como negar o repentino e significativo aumento, e os índices continuam a subir. O índice de suicídio para cada cem mil pessoas é o mais alto do mundo desenvolvido. Não há dúvida de que, se a alternativa for uma depressão seguida de suicídio, é melhor comprar bolsas Louis Vuitton, fazer cirurgia plástica, frequentar encontros de *gōkon* ou vender o corpo. Há anos enfrentamos uma situação econômica difícil, os salários são cada vez mais baixos, vivemos num clima de desconfiança em relação ao futuro. Assim, é indispensável assegurar a saúde física e psíquica das pessoas, para prevenir estados mentais que possam provocar pensamentos suicidas.

Ao que tudo indica, para não cair em depressão é importante dizer a si mesmo que, embora tempos ruins nos esperem, de algum modo as coisas vão se resolver. Reunir coragem para acreditar nisso e olhar pelo lado positivo – otimismo desse tipo é essencial, me informa um amigo psicólogo. Mas fazer isso não é tão fácil. Para acreditar que as coisas vão se resolver, é preciso ter vivido a experiência de que, antes, um dia as coisas já se resolveram. Pensando bem, todos que estamos vivos sobrevivemos até agora sem morrer, então de certo modo as coisas se resolveram para todos nós, mas é possível argumentar que apenas não morrer não é o bastante.

***

Costumo fazer compras numa filial de supermercados Seijō Ishii perto de casa. O lugar é abarrotado de bebidas alcoólicas, de vinhos ocidentais a saquê japonês, e suas prateleiras oferecem uma profusão de produtos alimentícios importados. Outro dia, enquanto esperava na fila do caixa, meu olhar recaiu sobre um velho senhor que abraçava uma garrafa do excelente saquê Koshi no Kagetora com tanta ternura como se fosse uma criança. A julgar por suas roupas e sapatos, estava longe de ser rico. Nossos olhares se encontraram, então lhe sorri e fiz um gesto com a cabeça em direção à garrafa, comentando que era uma ótima bebida. O rosto do velho se iluminou, e ele deu uma risadinha maliciosa. Ao notar o pacote de lula desidratada que ele segurava firme com a mão direita, imaginei que estivesse planejando petiscá-la enquanto tomava seu saquê Kagetora mais tarde. Isso também me deixou de bom humor.

O homem parecia ter mais de oitenta anos, e, se ainda podia desfrutar de uma garrafa de saquê, sua saúde devia estar boa. Ele não cederia a esse capricho se tivesse alguma preocupação a respeito dos níveis de açúcar no sangue, por exemplo. É evidente que ele adorava saquê e que sabia disso – de que gostava de beber, quero dizer. Talvez tenha economizado o dinheiro de sua aposentadoria para comprar a garrafa de Kagetora, ou quem sabe conseguira um trabalho extra para poder pagar por ela.

Beber um Kagetora acompanhado de lula seca era um prazer de que ele desfrutava. A razão pela qual isso me deixou de tão bom humor é que essa é uma cena rara hoje em dia. Quase nunca se vê alguém que simplesmente aceita seu próprio desejo e anseia com entusiasmo satisfazê-lo. Não é fácil encontrar gente assim entre os clientes de bares de hotéis.

AMOR PLATÔNICO

Uma pesquisa de 2017 com japoneses entre 18 e 35 anos apontou que, dentre as pessoas celibatárias, 42% dos homens e 44% das mulheres nunca fizeram sexo (mais de 50% dos homens e mais de 60% das mulheres se casam entre 30 e 34 anos de idade), e 70% dos homens e 60% das mulheres não estavam em um relacionamento. Além disso, apenas um terço dos casais casados tem relações sexuais uma vez por semana. Por que as pessoas não estão fazendo mais sexo? Exaustão no trabalho, com certeza, desejo de evitar complicações emocionais decorrentes de um relacionamento, mas também uma questão de demografia e crise econômica. Por volta de 28% da população tem mais de 65 anos, a proporção mais alta do mundo. É difícil encontrar dados confiáveis, mas parece que a indústria sexual, que é mais culturalmente aceita no Japão do que em qualquer outro lugar, na tentativa de atrair pessoas mais velhas, procura se adaptar para satisfazer os desejos de cidadãos cada vez mais desinteressados em prazeres carnais. Como resultado, serviços mais «leves» estão ganhando popularidade em detrimento de ofertas mais explícitas. De acordo com o Pornhub, o maior website de vídeos adultos do mundo, os japoneses ocupam o quarto lugar no ranking mundial, mas a classificação dos termos mais buscados é reveladora: depois de «lésbica» vem «hentai», que se refere a anime, ou seja, vídeos pornográficos que não são protagonizados por pessoas em carne e osso, mas por desenhos animados.

Talvez hoje em dia as pessoas não se entusiasmen mais com as coisas. Talvez tenham perdido a capacidade de se emocionar, aquela excitação que as crianças sentem na noite da véspera de uma excursão. Para experimentar uma sensação parecida, é preciso desejo. E me parece que esse desejo em si está desaparecendo da sociedade japonesa contemporânea. Já faz muitos anos que não encontro um jovem que diga querer fazer uma coisa a qualquer custo. Por outro lado, desejos e aspirações tendem a se enfraquecer se anunciados com muita desenvoltura. Aquele senhor do supermercado não me disse: «Na verdade, a coisa que eu mais amo no mundo é tomar saquê acompanhado de lula desidratada». Sinais dos desejos são percebidos pelo comportamento e pela aparência da pessoa. Não são expressos em conversas banais, muito menos proclamados em alto e bom som diante de uma estação ferroviária. Um político que grita «Farei tudo o que puder pelo bem-estar da população!» não transmite necessariamente a impressão de estar sendo movido por um desejo profundo. O que ele realmente está dizendo é que quer o seu voto e não assume nenhuma responsabilidade real.

Por que o desejo está desaparecendo? Será culpa da estagnação da economia japonesa? Será porque a sociedade amadureceu e já não vivemos com carestia e fome? No entanto, não pressinto desejo algum nos sem-teto a quem tanto falta. Nem posso imaginar um homem ou mulher sem-teto ardendo de desejo. Não é desejo que eles emanam, é resignação.

Por favor, não me entendam mal: não estou criticando os sem-teto, tampouco os acuso de indolência ou inépcia. A maior parte deles simplesmente tem consciência da realidade.

Não saberia dizer por quê, mas tenho a impressão de que a sociedade em que vivemos, em todos os seus aspectos, tende a negar o desejo e por isso esteja se enfarando. A ver como estão as coisas, não me parece ser possível uma retomada. A sociedade e seus indivíduos veem seus desejos encolherem e isso talvez seja índice de uma nação destinada à decomposição. 🖋

Sobre ursos e homens

CESARE ALEMANNI

Durante séculos, os ainu, antigo povo da ilha de Hokkaido, viveram ao lado mas apartados dos outros japoneses. Tidos como uma «aberração pré-histórica» e sujeitos a repressão no século XX, eles resistiram à assimilação graças à força de suas tradições – tanto que, agora, depois de um processo judicial histórico contra o governo central, estão sendo redescobertos por historiadores, antropólogos... e turistas.

Num domingo de março, em Tóquio, fui passear numa avenida comprida e larga no bairro de Shinagawa, tão comprida e larga que, para os padrões europeus, poderia ser uma autoestrada. No meio de minha caminhada distraída, vi um grande outdoor a três metros de altura, um dos poucos com tradução em inglês. O letreiro branco contra o fundo azul-marinho informava que, em caso de terremoto forte, a pista mais próxima da calçada onde eu estava seria reservada para veículos de resgate. Além do leve calafrio que me provocou a lembrança de estar pisando em um dos terrenos mais sísmicos do planeta, o que me impressionou foi a ilustração do cartaz. Um grande bagre, desenhado em estilo de mangá: corpo branco, olhos vermelhos, bigodes amarelos. Apesar da imobilidade pictórica, ele nos dava a impressão de estar se contorcendo, como se tivesse acabado de ser arremessado para fora da água por uma mão invisível. E estampava um sorriso amigável e rechonchudo. Uma lembrança de como, aqui no Japão, até os acontecimentos mais terríveis da vida devem ser revestidos de grossas camadas de *kawaii*, da «fofura» infantil.

Eu me perguntava sobre a conexão entre as duas coisas – o peixe e a mensagem sobre o terremoto –, até que, bem naquele momento, me veio à mente um mito local que diz que o arquipélago japonês repousa sobre o dorso de um imenso bagre. E é justo aquele bagre que supostamente causa terremotos quando se mexe de vez em quando. Uma pesquisa mais detalhada sugere que o mito é bastante recente, data bem do final do período Edo (1603-1868) – 1855, para ser preciso –, depois dos três grandes «sismos Ansei» que atingiram o Japão e causaram milhares de mortes. O peixe tem nome, Namazu; antes dele, por séculos aquela função coubera a um dragão muito mais ameaçador, um símbolo importado da China. A cara fofa de Namazu na placa, portanto, é prova de sua incomum resiliência histórica em um cenário, como o do Japão contemporâneo, em que a relação entre mitologia, tradição e passado é muito complexa.

Isso é muito conhecido do povo ainu, que vive há milhares de anos sobretudo em Hokkaido, ilha no extremo norte do arquipélago japonês, na parte sul do mar de Okhotsk, separado da costa russa por apenas uma faixa de oceano. Etnicamente distintos do povo yamato – do qual a maioria dos japoneses descende –, os ainu desenvolveram uma sociedade independente da de seus vizinhos em Honshu, a principal ilha do arquipélago. Nos anos 1200, época do primeiro contato com os japoneses yamato – que haviam começado a colonizar o sul de Hokkaido para fugir de uma Honshu assolada pela fome –, os ainu eram sobretudo pescadores, caçadores e coletores, que praticavam o comércio por meio de permutas

CESARE ALEMANNI, escritor e jornalista, foi editor-chefe de publicações como *Rivista Studio*, *Prismo* e *Il Tascabile*. Entre 2013 e 2016, vivendo em Berlim, fundou e dirigiu a revista internacional anglófona *The Berlin Quarterly*.

Páginas 86-87: O ancião ainu Haruzo Urakawa em seu *cise*, a tradicional moradia ainu, que ele mesmo construiu nas montanhas de Chiba, fora de Tóquio (esquerda); um totem entalhado com motivos animais do lado de fora do museu Poroto Kotan em Shiraoi, Hokkaido (direita).

KAIJŪ

No folclore japonês do início do período Edo (1603-1868), o *kaijin* era uma criatura monstruosa que vivia nas águas do arquipélago japonês. Emergindo do mar à noite, meio homem, meio anfíbio, aterrorizava os habitantes dos vilarejos costeiros. Mais tarde, nas primeiras décadas do século XX, ligeiramente modificado para *kaijū*, o termo voltou a ficar em voga para descrever as ossadas de dinossauros e outras criaturas extintas encontradas por paleontólogos. Daí, foi ampliado para abarcar um gênero de filmes que se tornou popular no Japão do pós--guerra e também atraiu seguidores ao chegar ao Ocidente: filmes como a interminável série *Godzilla*, que começou em 1954 e continua até hoje, *Rodan* (1956) e *Gamera* (1965), tipicamente apresentando um monstro enorme, com frequência parecido com um dinossauro, que emerge das profundezas para devastar cidades inteiras e aterrorizar seus habitantes. Realizados com baixo orçamento, com efeitos especiais bastante inovadores, os filmes *kaijū* também refletem uma espécie de processamento catártico do trauma sofrido pelo Japão em 1945, quando bombas atômicas foram lançadas em Hiroshima e Nagasaki. Na verdade, as explicações para o aparecimento das enormes criaturas em questão costumavam ser, direta ou indiretamente, ligadas aos testes atômicos norte-americanos no Pacífico.

e professavam uma religião animista, com divindades animais.

As crônicas das primeiras trocas entre os yamatos e os ainu, em sua maioria escritas pelos primeiros, revelam a profunda perple-xidade que acompanhou esses encontros. Com traços físicos mais próximos aos grupos étnicos do extremo leste da Rússia, os ainu ficaram intrigados com os recém-chegados. E a surpresa foi recíproca – os yamato se per-guntavam quem eram aqueles indivíduos com feições, roupas e estruturas sociais tão diferentes do resto do arquipélago. Não aju-dava muito que na língua nativa deles a pa-lavra ainu designasse apenas «humano». Por outro lado, é significativo que mesmo hoje os ainu em geral se refiram aos japoneses com uma palavra de origem chinesa (*wajin*), que quer dizer «colonizador» em um sentido abertamente negativo – tal etimologia é um indicador de como eles encararam os recém--chegados e do equilíbrio de forças entre os dois grupos étnicos.

No início do século XX, quando todo o Ja-pão estava sob rígidas sanções impostas por uma ideologia política marcada pelo nacio-nalismo, a resistência de muitas comunida-des ainu era uma fonte de constrangimento para o governo central de Tóquio. Incapaz de encontrar uma solução para o problema e valendo-se de assimilação forçada – quando não de opressão escancarada e violenta –, por muitas décadas a cultura política japonesa negligenciou a questão ainu. Rotulados de «mistério antropológico», «raça moribunda» e «aberração pré-histórica», os ainu eram cada vez mais marginalizados pela sociedade de Hokkaido.

Só a partir do início do novo milênio, e em parte graças à pressão da comunidade inter-nacional, a atitude de Tóquio em relação aos ainu mudou. Como costuma acontecer com frequência no Japão, a mudança de aborda-gem foi tanto inesperada quanto drástica. E assim, apenas alguns anos depois daquele

Sobre ursos e homens

89

momento crucial histórico, a cultura ainu é agora não só protegida e incentivada, como as tradições e origens desse povo se tornaram um dos tópicos de estudo mais populares entre arqueólogos e antropólogos – não só japoneses.

Dois fatores foram cruciais na «redescoberta» da cultura ainu. Primeiro, no fim dos anos 1980 os ainu deram entrada em um processo contra o governo japonês, depois do anúncio de planos para construir uma barragem em terras que eles consideram sagradas. Embora o veredito final, proferido pelo juiz Kazuo Ichimiya, em 1997, não tenha impedido as obras da barragem, ele marcou o primeiro passo, sem precedente, rumo ao reconhecimento dos ainu como um povo cujas tradições são distintas das dos yamato. Além do mais, o veredito professou uma reconsideração mais geral da relação entre o Japão contemporâneo e seu passado. Nos anos do pós-guerra, o país havia partido em uma corrida desenfreada pela modernização em detrimento de sua própria história e suas tradições. A ponto de por um breve período o Japão competir com

Sentido horário a partir da esquerda: Aluna do ensino médio, Maya posa com uma vara de pescar; gravetos de oração usados nas cerimônias ainu; vista do Parque do Urso de Noboribetsu, em Hokkaido.

os Estados Unidos pelo primeiro lugar na economia mundial (hoje em dia ele ocupa o terceiro posto). Além das motivações econômicas, esse salto adiante também foi uma estratégia para esquecer a derrota humilhante da Segunda Guerra Mundial e as duas bombas atômicas. Ao mesmo tempo havia o desejo de apagar a memória dos crimes de guerra cometidos pelo imperialismo japonês na China, na Coreia e em Taiwan no início do século passado, em particular durante os primeiros vinte anos do reinado de Hirohito (também conhecido como era Shōwa), que foi de 1926 a 1989. A estagnação contínua da economia, iniciada nos anos 1990 e vigente até hoje, desacelerou a sociedade de modo geral e permitiu que se abrisse uma janela para reexaminar o passado. Um escrutínio que inclui uma controvérsia de uma década a respeito dos livros didáticos adotados por professores do ensino médio – em sua quase totalidade, neles não figuravam as atrocidades perpetradas pelos soldados japoneses durante os anos expansionistas do país na Indochina e a coerção e tortura psicológica sutil imposta aos pilotos da Força Aérea para se tornarem kamikazes. É, portanto, compreensível que, em meio a esse debate cultural delicado e complexo, uma questão, secundária na realidade, como o problema ainu tenha encontrado um clima mais favorável e indulgente.

O interesse científico recente é também fruto desse progresso, e alguns dos mistérios em que esse povo esteve envolto por muito tempo estão por fim se esclarecendo. Por exemplo, agora sabemos que é provável que os ancestrais dos ainu tenham chegado a Hokkaido há cerca de 20 mil anos por uma ponte de terra que se acredita ter existido durante a glaciação Würm (a era glacial mais recente, 110 mil-10 mil a.C.). Eles provavelmente eram originários de Kamchatka, onde ainda vivem por volta de cem ainu reconhecidos pelas autoridades locais, junto com outros mil e poucos que o governo russo não reconhece oficialmente.

Em busca de temperaturas mais amenas (em comparação com aquelas de onde vieram), os ainu se estabeleceram no norte de Hokkaido. Uma vez lá, porém, como encontraram um clima rigoroso e um solo implacável, duro e com muita neve, pouco convidativo para desenvolver uma sociedade agrícola, por muito tempo eles viveram à base de pesca, caça e coleta de plantas selvagens. Esse modo de vida não mudou até o século XVII d.C., quando, de acordo com descobertas arqueológicas recentes, os ainu começaram a desenvolver uma sociedade sedentária mais complexa, em parte graças ao contato com outras pessoas e à criação de uma rede de comércio que se estendia do norte da Coreia até a Sibéria, e era baseada sobretudo na permuta de bens fabricados com ossos de grandes animais como focas, leões-marinhos, baleias e ursos.

É impossível falar da história dos ainu sem mencionar o *Ursus arctos yesoensis*, uma subespécie de urso-pardo nativa de Hokkaido, ligeiramente menor que o urso-pardo americano, mas nem por isso um predador menos feroz. Para os ainu, cuja dieta consiste historicamente sobretudo em salmão, o urso era tanto um rival quanto um companheiro e protetor da pesca – uma figura dupla que ocupava a principal posição no sistema de crenças ainu. Suas raízes se perdem na noite dos tempos, como confirmam recentes descobertas de restos de *arctos yesoensis*, sobretudo crânios, em sítios fúnebres que datam de 1000 a.C., ou seja, muitos séculos antes de seu primeiro contato com os yamato, numa época em que os ainu realizavam rituais envolvendo esses ursos.

Na língua ainu, o espírito do urso é um *kamui*, uma essência divina que pertence a um panteão religioso rico e complexo no

URSUS ARCTOS YESOENSIS

Uma subespécie do *Ursus arctos lasiotus*, geralmente conhecida como urso-pardo, o *Ursus arctos yesoensis* é nativo de Hokkaido, de certas florestas da Coreia do Norte, do leste da China e da ilha russa de Sacalina. Com uma população de cerca de 10 mil indivíduos apenas na ilha de Hokkaido, é a subespécie de urso-pardo mais difundida e populosa em toda a Ásia depois do *Ursus arctos beringianus*, que vive no extremo leste da Rússia e na península de Kamchatka. Em geral menor, mais leve e com um crânio mais alongado do que seus parentes ocidentais, ele come sobretudo raízes, bolotas, frutos selvagens, pequenos mamíferos e peixes de água doce, em particular o salmão. Embora seu peso médio seja de duzentos quilos, em anos recentes observou-se um número crescente de ursos mais pesados, com quase seiscentos quilos. Esse é um peso próximo ao do maior urso-pardo do planeta, o urso-de-kodiak (*Ursus arctos middendorffi*), que vive no Alasca e pode pesar até oitocentos quilos. Devido ao desmatamento em Hokkaido, a frequência dos encontros entre ursos e humanos cresceu de modo significativo ao longo do último século, promovendo um clima de hostilidade e paranoia entre as populações humanas locais em relação ao animal, que é, no entanto, considerado uma espécie protegida.

qual cada entidade existente – animada ou não – está em equilíbrio constante entre duas dimensões, a física e a espiritual. O reino físico, o mundo como o conhecemos, é chamado de *ainu mosir* – curiosamente, ele também se equilibra sobre o dorso de um enorme peixe. O reino espiritual, onde vivem as essências divinas, é chamado de *kamui mosir*. Os dois coexistem, mas em planos radicalmente separados, só se encontram quando uma criatura morre no mundo físico. Nesse momento, seu espírito se liberta da prisão terrena, deixa seus recursos à disposição daqueles que ficaram para trás e viaja livre pelo mundo espiritual, de onde pode exercer efeitos benéficos ou influxos maléficos sobre os habitantes do mundo físico.

Quando um urso morre, não apenas seu corpo físico continua valioso e muito cobiçado (a pele oferece incomparável proteção contra o frio) mas, de acordo com os ainu, seu ascendente espiritual tem particular importância. Para garantir a benevolência do espírito do urso, ao longo dos séculos os ainu desenvolveram um ritual complexo, o *iomante*. Um filhote de urso é capturado e criado como um novo membro do vilarejo. Uma vez crescido e forte a ponto de vinte homens não poderem mais dar conta dele, o animal é sacrificado em um ritual – é morto com duas flechadas e, em seguida, decapitado, numa prática que simboliza que a prisão física de seu corpo foi removida e que seu espírito pode viajar livre para

o *kamui mosir*. Grato por sua libertação, o urso deixa sua carne e sua pele para o vilarejo que o criou e, junto com elas, sua benevolência eterna: ele se torna uma espécie de patrono local.

Esse ritual cruento já não é praticado, é claro, e, apesar de toda sua resistência à modernidade, a cultura ainu em geral acabou se adaptando a nossos tempos. Quem visitar seus vilarejos vai se deparar com ursinhos de pelúcia ao gosto dos turistas intrigados com os costumes desses adoradores de ursos. Eles rendem um dinheirinho, é verdade, mas essa transação ignora que, para os ancestrais ainu, a reprodução realista do animal equivaleria ao aprisionamento de seu espírito por toda a eternidade. É um exemplo pequeno mas significativo de como a assimilação cultural pela via política falhou, mas funcionou em termos econômicos e turísticos.

Não obstante esses desdobramentos recentes, a história da cultura ainu e sua relação com a ordem estabelecida yamato – que foi do isolamento ao racismo até chegar à extrema proteção de hoje – é um exemplo eloquente de como, sob uma aparente harmonia, o Japão ainda apresenta diferenças internas difíceis de detectar à distância ou se apenas visitarmos cidades grandes. São diferenças que os próprios japoneses tentaram por algum tempo apagar.

Por meio da simbiose que os ainu estabeleceram com o urso, pode-se ler a história da relação entre esse animal, a ilha de

«O reino físico é chamado de *ainu mosir*. O reino espiritual, onde vivem as essências divinas, é o *kamui mosir*. Os dois coexistem, mas em planos radicalmente separados, só se encontram quando uma criatura morre no mundo físico.»

Sobre ursos e homens

O HERÓI AINU: SHIGERU KAYANO

Shigeru Kayano (1926-2016) é sem dúvida uma das figuras mais proeminentes da história ainu recente. Nascido em Biratori, sul de Hokkaido, não muito longe da capital Sapporo, cresceu falando a língua ainu e só aprendeu japonês quando adulto. Embora sem educação formal, ele mergulhou tão a fundo na história, na cultura e nas tradições de seu povo que se tornou uma das principais autoridades no assunto. Teve grande importância num processo judicial que até hoje continua crucial para as relações entre o governo japonês e os ainu. Depois da decisão de construir uma barragem no rio Saru, na mesma região de Biratori, os japoneses expropriaram a terra de agricultores indígenas no fim dos anos 1980. Para piorar as coisas, a barragem

inundaria um território ainu considerado sagrado. Em resposta, Shigeru organizou um protesto que culminou num processo judicial longo que entrou para a história, ao fim do qual os ainu não conseguiram impedir a construção da barragem (que foi de fato concluída em 1997), mas, protegidos pelo artigo 13 da constituição japonesa, obtiveram o reconhecimento de muitos direitos fundamentais como cultura indígena à parte e anterior à dominante cultura yamato. Foi uma admissão, por parte do país, de que a anexação de Hokkaido fora, para todos os efeitos, um empreendimento colonial que envolveu a opressão do povo nativo da ilha; enfim, o processo ajudou a estabelecer as condições para uma abordagem mais benevolente em relação aos ainu.

Acima:
Senke Morio, artesão e antigo fotógrafo.

Páginas 94-95:
Um crânio de urso cercado por gravetos de oração *inao* (esquerda) e um urso em uma jaula (direita), ambos no museu Poroto Kotan em Shiraoi, em Hokkaido.

Hokkaido e seus habitantes – em particular os «novos» colonizadores yamato. Uma relação que adquire um tom mais dramático aqui do que em outros lugares, pois sugere que o urso de Hokkaido carrega características ancestrais só explicadas pelos mitos. Pode acontecer, como em junho de 2016, de um urso matar quatro ilhéus, embora tal comportamento agressivo raramente ocorra, mesmo em áreas como o Alasca, onde a coexistência entre o homem e esse predador tem muitos paralelos com Hokkaido. O incidente de 2016 foi antecedido por outro em 2009, que deixou nove pessoas feridas e ocorreu mais de um século depois de um dos eventos mais trágicos registrados envolvendo um urso. O conhecido *Sankebetsu higuma jiken* («o incidente do urso de Sankebetsu») ou *Rokusensawa yūgai jiken* («o ataque do urso de Rokusensawa») ocorreu entre 9 e 14 de dezembro de 1915, quando um urso saiu da hibernação e atacou dois vilarejos coloniais yamato, Sankebetsu e Rokusensawa, recém-construídos. As vicissitudes daqueles cinco dias foram registradas de hora em hora, de ataque em ataque, e soam mais como uma história de terror do que como um genuíno fato histórico.

De acordo com os registros, tomado de um impulso assassino nunca antes testemunhado na espécie, o urso Kesagake, assim batizado por um caçador que suspeitava que ele já tivesse matado três mulheres num vilarejo vizinho, foi para Sankebetsu e Rokusensawa, e dia após dia, noite após noite, semeou pânico e morte. No segundo dia do ataque, os habitantes dos dois vilarejos se refugiaram num local protegido por homens armados, enquanto uma patrulha de caçadores e policiais perseguiam o animal, àquela altura tido por um flagelo sobrenatural. Repetidamente alvejado, na manhã de 14 de dezembro Kesagake foi por fim morto por Yamamoto Heikichi, o caçador mais habilidoso da área, hoje lembrado como herói.

Depois que Kesagake foi pelado, encontraram-se restos das vítimas em seu estômago. O urso pesava 340 quilos, excepcionalmente grande para um espécime de Hokkaido. Nos cinco dias de terror ele conseguira matar sete pessoas e ferir doze. Após o ataque, os moradores de Rokusensawa abandonaram o vilarejo, cujas ruínas espectrais estão hoje cobertas por densa vegetação.

Uma velha cabana, porém, permanece preservada em Sankebetsu. Ela pertencia à família Ōta, a primeira a ser dizimada pelo animal. Ao lado dela há uma enorme reprodução não realista do urso, com a bocarra

Entregador de mercado segurando uma pata de urso obtida como troféu de caça.

aberta, parecida com um *kaijū*, um monstro no estilo Godzilla, uma das exportações de maior sucesso pop do Japão. Revividos depois da guerra com a onda sentimental que seguiu o temor da bomba atômica, os *kaijū* têm uma história muito antiga enraizada no *Shan Hai Jing*, um bestiário chinês que data do século IV a.C., hoje muito popular no Japão. De certo modo, Kesagake também se tornou uma lenda no folclore japonês, a meio caminho entre um conto de fadas infantil e um terror abissal. Assim como Namazu, o bagre que controla os terremotos. 🐦

Viver como um japonês

A jornada de um repórter que acompanha o mais importante campeonato de sumô – com seus rituais e hierarquias rigorosas – se transforma num mergulho em eventos enterrados no passado. Brian Phillips se vê no encalço de um homem esquecido que, em 1970, se envolveu em outro ritual, um clamoroso caso de *seppuku* em que decapitou o escritor Yukio Mishima depois de um golpe de Estado malsucedido.

BRIAN PHILLIPS

Boneco de papelão de um lutador de sumô do lado de fora do Kokugikan, o estádio nacional de sumô do Japão.

Quando entra na arena, Hakuhō, o maior *sumōtori* do mundo, talvez o maior da história, dança como um pássaro tropical, como um pássaro do paraíso. Flanqueado por dois assistentes – seu *tachimochi*, que carrega sua espada, e seu *tsuyuharai*, ou varredor de orvalho, que lhe abre o caminho – e usando sua banda de barriga bordada, a *keshō-mawashi*, com seus cordões trançados e intricadas cordas torcidas, Hakuhō sobe num bloco de terra batida trapezoidal, de sessenta centímetros de altura e quase sete metros de largura, onde irá lutar. Aqui, delineado por feixes de palha de arroz, está o círculo, o *dohyō*, que o lutador foi treinado a imaginar como o alto de um arranha-céu: um passo além do limite e ele morre. Um sacerdote xintoísta purificou o *dohyō* antes do torneio; acima, preso ao teto, um baldaquino de seis toneladas semelhante ao telhado de um templo indica que aquele é um espaço sagrado. Borlas coloridas pendem de cada ângulo do baldaquino, representando as Quatro Bestas Divinas das constelações chinesas: o Dragão Azul do Leste, a Fênix Escarlate do Sul, o Tigre Branco do Oeste, a Tartaruga Negra do Norte. Sobre o baldaquino, descentralizada e sob holofotes, tremula a bandeira branca e vermelha.

Hakuhō se agacha até quase encostar no chão. Bate palmas duas vezes e esfrega as mãos. Volta as palmas lentamente para cima. Está com o torso nu, tem 1,95 metros de altura e 158 quilos. O cabelo está preso em um coque no alto da cabeça. A barriga sem pregas se comprime contra o cinto retorcido, uma referência literal a sua classificação: *yokozuna*, corda horizontal. Ao se levantar, ergue o braço direito na diagonal, com a palma para baixo, para mostrar que está desarmado. Repete o gesto com a esquerda. Levanta bem a perna direita, inclinando o torso para a esquerda como um regador, então desce o pé com toda a força na terra batida. Nesse momento uma multidão de 13 mil almas dentro do Ryōgoku Kokugikan, o estádio de sumô nacional japonês, grita em uníssono: «Yoisho! – Vamos! Faça!». Ele bate o outro pé com toda a força: «*Yoisho*!». É como se a força de seu peso desse um soco no estômago da multidão. Então ele agacha de novo, os braços abertos como asas nas laterais do corpo, e se inclina para a frente a partir da cintura até que suas costas ficam praticamente paralelas ao chão. Imagine alguém brincando de aviãozinho com uma criança pequena. Os pés deslizam em estranhos movimentos e ele avança alguns centímetros até o círculo coberto de areia, levantando e abaixando a cabeça de um modo vagamente ofídico enquanto endireita as costas devagar. Ele fica ereto, a multidão urra.

***

Desde 1749, 69 homens foram alçados à categoria *yokozuna*. Apenas os que pertencem à divisão mais alta do sumô têm permissão para entrar na arena desse modo. Oficialmente, o propósito do elaborado *dohyō-iri* é espantar demônios. (E isso é uma coisa que você deve ter em mente em relação ao sumô, um esporte com contratos televisivos, milhões em faturamento, blogs de fãs e atletas em comerciais de iogurte – e que é ao mesmo tempo um esporte em que se

BRIAN PHILLIPS , jornalista apaixonado por esportes, trabalha como escritor sênior para a MTV News, já tendo contribuído para *Grantland*, *The New York Times*, *The New Republic* e *Slate*. Participou das antologias *Best American Sports Writing* e *Best American Magazine Writing*; este artigo integra seu livro de estreia *Impossible Owls*, publicado em inglês pela FSG Originals em 2018. Phillips mora em Los Angeles.

Boneco de papelão de um lutador de sumô.

fazem determinados movimentos para espantar demônios.) Mas a cerimônia também serve para marcar território. É uma mensagem para os adversários, uma maneira de dizer «esta arena é minha»; «se prepare para o que vai acontecer se for louco o suficiente para entrar aqui».

Hakuhō não é o nome verdadeiro de Hakuhō. Os lutadores de sumô lutam sob pseudônimos, os *shikona*, nomes de arena regidos, como tudo o mais no sumô, por tradições e regras elaboradas. O nome oficial de Hakuhō é Möhkhbatyn Davaajargal. Nascido em Ulan Bator, na Mongólia, em 1985, ele é o quarto lutador não japonês a alcançar a posição de *yokozuna*. Até cerca de trinta anos atrás, os estrangeiros eram raros nas divisões mais altas do sumô no Japão. Mas alguns países têm uma tradição própria dessa luta, importada por imigrantes, e outros têm esportes muito parecidos com ela. Já em 1903 Thomas Edison filmava lutas de sumô no Havaí. A luta mongol tem muitas semelhanças com o sumô, com o qual compartilha muitas habilidades e conceitos. Em anos recentes, um número maior de lutadores criados nesses países foi para o Japão e vem derrubando atletas japoneses do alto dos rankings. No momento em que escrevo, seis dos últimos lutadores promovidos a *yokozuna* eram estrangeiros, e não há um *yokozuna* japonês desde que o último se aposentou, em 2003. Num mundo apegado às tradições, isso é muito preocupante.

Reza a lenda que, quando criança, Davaajargal era magérrimo. Anos antes de ser conhecido como Hakuhō, ele costumava perambular por Ulan Bator folheando revistas de sumô e fantasiando ficar grande como uma casa. Seu pai tinha sido um colosso na luta mongol nos anos 1960 e 1970, ganhara uma medalha de prata nos Jogos Olímpicos de

Viver como um japonês

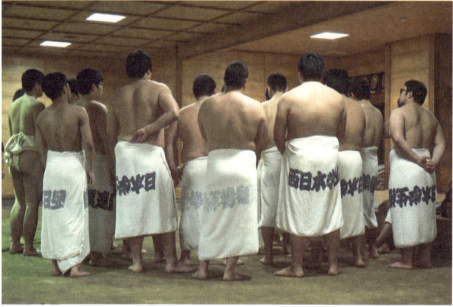

Acima: Uma fileira de *mawashi*, as tangas usadas pelos lutadores de sumô, na academia onde alunos membros do clube de sumô treinam na Universidade de Asahi, província de Gifu.
Abaixo: Alunos reunidos ao redor do técnico antes do treino diário.

> **«Os aprendizes de sumô começam jovens: mudam-se para estábulos de treinamento, os *heya*, onde recebem teto e comida em troca de uma rotina terrível que consiste em comer, trabalhar, treinar, comer e ser praticamente escravizado pelos veteranos do estábulo (e comer de novo).»**

1968 e alcançara a fama de gigante invencível. O sumô era o sonho de Davaajargal, mas ele era mirrado demais.

Quando foi para Tóquio, em outubro do ano 2000, Davaajargal tinha quinze anos e pesava 62 quilos. Nenhum treinador queria saber dele. Os aprendizes de sumô começam jovens: mudam-se para estábulos de treinamento, os *heya,* onde recebem teto e comida em troca de uma rotina terrível que consiste em comer, trabalhar, treinar, comer e ser praticamente escravizado pelos veteranos do estábulo (e comer de novo). Foi unânime a constatação de que o pequeno Davaajargal tinha um raciocínio brilhante de lutador, mas estava começando tarde demais e os lutadores de verdade que viessem a enfrentá-lo cairiam na risada. Por fim, um *rikishi* (outro termo para lutador de sumô) mongol expatriado convenceu o mestre do *heya* Miyagino a aceitar o franzino Davaajargal no último dia da estada do adolescente no país. A aposta do mestre valeu a pena. Depois de alguns anos de treino e uma inesperada e tardia espichada de crescimento, Davaajargal despontou como o mais temido jovem *rikishi* do Japão. Recebeu o nome de Hakuhō, que significa Peng Branco (Peng é um pássaro gigante da mitologia chinesa).

O início de sua carreira foi marcado por certa rivalidade com um lutador mais velho, um sujeito mongol chamado Asashōryū (Dragão Azul da Manhã), que se tornou *yokozuna*

em 2003. Asashōryū personificava tudo o que os japoneses temem sobre a onda de *rikishi* estrangeiros que agora domina o esporte: era esquentado, imprevisível e indiferente às antigas tradições de um esporte que faz parte da consciência nacional japonesa desde que o Japão é o Japão.

Isto é outra coisa que se deve ter em mente em relação ao sumô: o esporte é muito, muito antigo. Não antigo como filmes em preto e branco, mas antigo como as brumas do tempo. O sumô já era antigo quando, em meados do século XVII, foi concebido o sistema atual de divisões. O refinamento do *banzuke*, a folha de classificação tradicional, originou toda uma escola de caligrafia.

Asashōryū arrumava briga com outros lutadores nos banheiros coletivos. Insultava os árbitros, infração praticamente inconcebível. Chegou a puxar o cabelo de um adversário, violação que o tornou o primeiro *yokozuna* da história a ser desclassificado de uma luta. Espera-se que os *rikishi* usem quimonos e sandálias em público, Asashōryū aparecia de terno e gravata. Bêbado. Recebia seu prêmio em dinheiro com a mão errada.

O *sumōtori* havaiano de 287 quilos Konishiki se aventurou por uma carreira no rap depois de se aposentar do esporte; outro havaiano, Akebono, o primeiro *yokozuna* estrangeiro, tornou-se lutador de MMA profissional. Isso já era ruim o bastante. Mas Asashōryū ultrajou a dignidade da Associação Japonesa de Sumô quando ainda era

Viver como um japonês

um *rikishi* em atividade: retirou-se de um torneio de verão alegando uma lesão, depois apareceu na TV mongol jogando uma partida de futebol beneficente. Quando o sumô foi abalado por um escândalo de compra de resultados de lutas em meados dos anos 2000, uma revista de fofocas noticiou que Asashōryū teria pagado 10 mil dólares por luta para que seus oponentes o deixasse vencer. Junto com diversos outros lutadores, Asashōryū ganhou um processo contra a revista, mas até essa vitória teve um leve cheiro de escândalo: o mongol se tornou o primeiro *yokozuna* da história a comparecer a um tribunal. «Todo mundo fala de dignidade», queixou-se Asashōryū ao se aposentar, «mas quando entrava na arena eu me sentia feroz como um demônio.» Certa vez, após uma luta particularmente disputada, consta que ele foi para o estacionamento e golpeou o carro do adversário.

O problema, da perspectiva dos tradicionalistas que controlam o sumô japonês, era que Asashōryū também vencia. Vencia incansavelmente. Era um flagelo. Até o surgimento de Hakuhō, ele era, por uma enorme margem de vantagem, o melhor lutador do mundo. O calendário do sumô gira em torno de seis grandes campeonatos – *honbasho* –, que acontecem a cada dois meses ao longo do ano. Em 2004, Asashōryū venceu cinco deles, dois com recordes de 15-0, marca que ninguém havia conquistado desde meados dos anos 1990. Em 2005, ele se tornou o primeiro lutador do mundo a ganhar todos os seis *honbasho* no mesmo ano. Levantava do chão lutadores de 180 quilos e os arremessava, agonizantes, contra a terra batida. Ele os golpeava com as mãos fortalecidas por inúmeras horas batendo contra um *teppō*, uma coluna de madeira grossa como um poste. Ganhou seu 25º campeonato, sendo então considerado o terceiro da lista de melhores de todos os tempos, antes de seu trigésimo aniversário.

Hakuhō começou ameaçar o reinado absoluto de de Asashōryū. Cinco anos mais jovem que o rival, tinha o temperamento oposto: solene, silencioso, inexpugnável. «Mais japonês do que os japoneses» – as pessoas dizem sobre ele. Asashōryū fez o sumô parecer selvagem e furioso; Hakuhō era insondavelmente calmo. Parecia ter um entendimento inato de ângulos e contrapesos, de como mover os quadris de modo quase imperceptível e acabar com o equilíbrio do inimigo. Na teoria, ganhar uma luta de sumô é simples: fazer o oponente pisar do lado de fora da arena ou fazê-lo tocar no chão qualquer parte de seu corpo além das solas dos pés. Às vezes, quando Hakuhō vencia, não se entendia como ele havia procedido. O outro lutador cambaleava a partir do que parecia um corpo a corpo estável. Se preciso, Hakuhō podia ser arrebatador. Mas isso não ocorria com frequência.

O circo midiático que era a carreira de Asashōryū era bom para os índices de audiência da TV. Já Hakuhō era uma saída para um esporte marcado pelo escândalo – um *rikishi* estrangeiro com profunda sensibilidade pela tradição japonesa, uma figura que parecia unir passado e futuro. No começo ele perdeu mais vezes para Asashōryū do que ganhou, mas a rivalidade sempre corria solta. Em 2008, quase exatamente um ano depois que o Conselho de Deliberação Yokozuna promoveu Hakuhō à divisão mais alta, Asashōryū lhe deu um empurrão extra depois de arremessá-lo em um torneio. Os dois logo se estranharam. No vídeo da luta é possível ver o mais velho sorrindo e balançando a cabeça enquanto Hakuhō o olha feio, ofendido. A apavorante técnica de Hakuhō e o interminável vaivém de Asashōryū entre lesões e controvérsias virou a maré a favor do primeiro. Quando Asashōryū se aposentou de modo inesperado em 2010, depois de supostamente ter quebrado o nariz de um homem do lado de fora de uma casa noturna, Hakuhō tinha vencido suas

Alunos penduram seus *mawashi* no fim de um treino.

últimas sete lutas regulamentares e registrara um recorde vitalício de 14-13 contra o outrora adversário invencível.

Com Asashōryū fora do baralho, Hakuhō logrou 15-0 em seus quatro torneios seguintes, dando início a uma hegemonia que nem Asashōryū poderia ter alcançado. Em 2010, compilou a segunda maior maré de vitórias na história do sumô, 63 em sequência, conquistando um recorde estabelecido nos anos 1780. Em 2014, ele já havia obtido um recorde de dez torneios sem perder uma luta sequer.

***

Ao assistir à entrada de Hakuhō na arena, aquela dança de pássaro pungente, é difícil imaginar como é a sua vida. Ter dobrado de tamanho, mais que dobrado, desde seu 15º aniversário; ter mudado de cultura e de língua; ter descoberto essa capacidade arcana. Ser seguido na rua. Ser um não japonês atuando como a encarnação de um samurai,

o último resquício de uma cultura que está se dissipando. Quando desembarquei em Tóquio, havia mais um *yokozuna*, Harumafuji, outro mongol, que, porém, era abertamente visto como um campeão de segunda – e que estava sem lutar devido a uma lesão no tornozelo. Hakuhō: não tinha pra mais ninguém. Como você passa por isso sem perder a noção de identidade? Como pode se lembrar de quem você é?

Mas é hora, aqui no Kokugikan, de sua luta inaugural no *hatsu basho*, o primeiro grande torneio do ano. Os *rikishi* da divisão mais alta do sumô lutam uma vez por dia num campeonato de quinze dias; aquele que tiver o melhor histórico no final do último dia ganha a Copa do Imperador. Hakuhō estreia contra Tochiōzan, um *komusubi* japonês – a quarta divisão, três abaixo de *yokozuna*. Tochiōzan é conhecido por superar seus oponentes ao agarrar o *mawashi*, a tanga. Os lutadores se agacham em seus postos. O juiz se põe entre eles; veste

106 THE PASSENGER Brian Phillips

Esquerda e página 109: Fotografias gigantes de lutadores de sumô expostas na estação de Ryōgoku, o bairro do sumô, que abriga vários *heya*, os estábulos onde os *rikishi* moram e treinam.

uma túnica roxa brilhante e segura seu leque de guerra voltado para o alto. A multidão grita o nome de Hakuhō. Há um clamor quando os lutadores investem um contra o outro. Nada que Hakuhō faz parece difícil. Ele desvia ligeiramente do caminho enquanto Tochiōzan tenta agarrar, sem sucesso, seu *mawashi*. Impulsionado por sua rotação, o mongol acerta o outro adversário no peito. Tochiōzan cambaleia para trás e Hakuhō mantém a vantagem – um empurrão, dois, três e agora Tochiōzan está além da barreira, e o juiz aponta o leque de guerra para o lado de Hakuhō, indicando sua vitória. A luta durou quatro segundos.

Hakuhō não comemora. Volta para seu posto, faz uma referência para Tochiōzan e agacha enquanto o juiz o aponta o leque mais uma vez em sua direção. Ganhando ou perdendo, os lutadores de sumô não podem demonstrar emoções. Era esse o pecado de Asashōryū: ele erguia o punho depois de uma vitória ou soltava um grunhido de satisfação. Hakuhō não é tão descuidado. Hakuhō é discreto. Há muitos crimes que um *sumōtori* pode cometer. O pior deles é revelar demais.

Algumas histórias japonesas terminam violentamente. Outras não terminam nunca: no momento mais crítico se detêm numa borboleta ou no vento ou na lua. Isso vale para histórias de qualquer lugar, é claro: os finais podem ser abruptos ou oblíquos. Mas no Japão, onde o suicídio é historicamente entrelaçado à cultura, onde uma consciência da evanescência da vida é o modo tradicional de estética, isso parece mais verdadeiro do que em outros lugares.

Em janeiro de 2014, por exemplo, estive em Tóquio para assistir a lutas de sumô por duas semanas. Tóquio, a cidade onde meus pais se casaram – lembro de olhar para a certidão de casamento emoldurada, escrita em japonês, e me perguntar o que ela significava. Tóquio, a maior cidade do mundo, a maior cidade da história do mundo. Uma galáxia refletida em seu próprio espelho. Um vilarejo de pescadores há cerca de quatrocentos anos, hoje com 37 milhões de habitantes, uma concentração humana tão vasta que não se pode dizer que *acabe*, ela vai se dissolvendo indistintamente pelas bordas; 37 milhões, quase a população da Califórnia. Somos tomados pelos odores que emanam das casas: cerveja velha, molhos fumegantes, carne de enguia na brasa. Cruzamentos que milhares de pedestres atravessam cada vez que o semáforo abre, sob projeções de vídeos de J-pop de dez andares de altura. Bandos de estudantes em blazers azuis e saias xadrez. Garotos com cabelos espetados com as pontas descoloridas e headphones enormes, jaquetas camufladas e echarpes de cashmere. Hordas de homens de negócios de ternos pretos. Uma cidade tão densa que os cafés de mangás 24 horas alugam cápsulas-leito para a pessoa passar a noite; tão pós-humana que há bordéis em que bonecas fazem as vezes de prostitutas. Um labirinto inavegável com 1.900 quilômetros de ferrovias, mil estações de trem, casas sem endereços, restaurantes sem nome. Uma confusão infindável de vielas estilo *Blade Runner* em que lanternas de papel flutuam entre cabos de energia entrecruzados. E no entanto limpa, segura, tranquila, de algum modo incorpórea, um lugar cuja ordem parece sustentada pela lógica de um sonho.

Viver como um japonês

É uma cidade de sonho, Tóquio. E digo literalmente, já que em muitas ocasiões eu parecia senti-la como que adormecido. Você desce uma escada rolante para o que seu mapa diz ser um túnel entre estações de metrô e se vê em um shopping subterrâneo incrível, lotado de belos adolescentes dançando remixes de Katy Perry. Você pega um desvio de uma rua movimentada e chega em um cemitério budista, cujo silêncio só é interrompido pelo barulho do vento e das batidas das *sotōba*, tabuletas finas de madeira cobertas com os nomes dos mortos. Você olha do alto de uma torre para a extensão da cidade que desafia sua racionalidade, cheia de janelas, outdoors de David Beckham e vias expressas descendo ligeiramente em direção à roda-gigante à beira-mar.

Parte disso tinha a ver com outra história com a qual me vi cada vez mais envolvido, embora ela não tivesse nenhuma relação com a cultura de lutas que eu fora observar no país. Essa história cabia na minha – ou talvez o contrário – como as bonecas russas de sumô que eu tinha visto certa tarde em uma vitrine de *chanko* (o ensopado engordativo que os *sumōtori* consomem em quantidades industriais), os lutadores menores guardados dentro dos maiores, tartarugas em um casco estranho. Era uma divagação, mas, à diferença de quase tudo o mais durante aquelas duas semanas, não conseguia tirá-la da cabeça.

***

No voo para Tóquio levei comigo um romance de Yukio Mishima. *Cavalo selvagem*, publicado em 1969 (no Brasil, pela Benvirá em 2014), o segundo livro da tetralogia *Mar de fertilidade*, última obra concluída antes de seu suicídio espetacular em 1970. Que foi, basicamente, assim: ele sentou no chão, rasgou o abdome com uma adaga, despejando cinquenta centímetros de intestinos diante do general que acabara de render,

amarrar e amordaçar. Havia rendido o general em sua sala na sede das Forças de Autodefesa do Japão (FAJ) em uma tentativa frustrada de tomar o governo. Se você fizer um tour pelo prédio hoje, poderá ver as marcas que a espada do escritor deixou no batente quando ele rendeu os assistentes do general.

Figura contraditória, Mishima. Bonito, rico, eterno candidato ao prêmio Nobel, aos 45 anos ele era uma celebridade nacional, um dos homens mais famosos do país. Também estava possuído por uma visão carismática da cultura japonesa, com uma crescente obsessão pela morte. Depois da derrota na Segunda Guerra Mundial, o Japão havia aceitado restrições severas em suas forças armadas, abdicado dos valores marciais. A FAJ era uma sombra de exército, longe de ser um exército de fato. Mishima não só rejeitou essas mudanças como as julgou inadmissíveis. De criança enfermiça e protegida, agora venerava samurais e desdenhava a ideia de paz. Fantasiava sobre morrer pelo imperador, morrer terrivelmente. Chegou a posar para um ensaio fotográfico de um artista como são Sebastião martirizado, os braços atados a uma árvore, flechas salientes nas laterais de seu corpo.

Em 1968, horrorizado com a escalada dos protestos de esquerda em Tóquio, Mishima fundou um exército particular, o Tatenokai; procurou arregimentar soldados com anúncios em jornais estudantis de direita. Ainda que casado e pai, era assíduo frequentador de bares gays de Tóquio. Apaixonou-se por seu braço direito no comando do Tatenokai, o jovem Masakatsu Morita, e começou a planejar um golpe de Estado que também faria as vezes de uma espécie de transfiguração erótica, culminando num clímax arrebatador do tipo que costuma acontecer nos melodramas *kabuki*.

No dia 25 de novembro de 1970 Mishima foi à sede do FAJ, em visita previamente

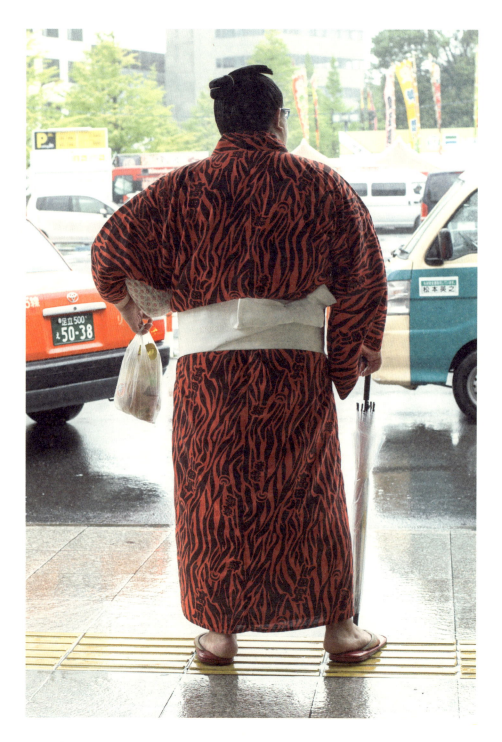

Lutador de sumô à espera de um táxi.

agendada. Acompanhado de quatro jovens oficiais do Tatenokai, usava o uniforme marrom de seu exército e levava sua espada embainhada, uma arma do século XVII dos forjadores Seki no Magoroku. Quando o general se interessou em ver a lâmina, o escritor pediu-lhe um lenço para limpá-la. Era o sinal para seus oficiais renderem o homem e fazerem uma barricada na porta.

É isso o que vejo quando imagino a cena: a borla laranja pendendo da empunhadura da espada de Mishima; as duas fileiras de botões metálicos nas túnicas marrons dos oficiais Tatenokai; o sorriso educado no rosto do general logo antes que o agarrassem por trás.

Mishima foi até a sacada e fez um discurso inflamado para os soldados, cerca de mil, reunidos lá embaixo, instando-os a restaurar o verdadeiro exército nacional, a se assumirem como guerreiros devotados ao imperador – uma jogada que, se tivesse funcionado, teria destruído a estrutura social do Japão pós-guerra. Ele estava lhes pedindo para dar um golpe. Os soldados o ridicularizaram. É consenso entre os estudiosos que Mishima não esperava que o golpe fosse levado a cabo, que seu único objetivo era morrer gloriosamente. Havia planejado falar por meia hora mas desistiu depois de sete minutos. «Acho que nem sequer me ouviram», disse ao voltar à sala do general. Ele desabotoou a jaqueta. Os jovens oficiais podiam ouvir helicópteros circulando do lado de fora, sirenes da polícia. Mishima sentou no chão. Gritou. Então, com as duas mãos, enfiou a adaga na barriga.

É nisto que penso quando visualizo a cena: quando, mais cedo, naquela manhã, os oficiais Tatenokai, que não tinham mais que 25 anos, pararam para lavar o carro a caminho da casa de Mishima; em Mishima fazendo piada durante o caminho sobre qual seria a trilha musical se aquele fosse um filme *yakuza* (ele começa a cantar a música de *Karajishi botan*, filme de gângster de 1966,

e é acompanhado pelo rapaz mais jovem); nos olhos arregalados do general amordaçado enquanto um dos escritores mais celebrados do Japão cometia *seppuku* no chão de sua sala.

«Por favor», arfou Mishima, «não me deixe em agonia por muito tempo.» Ele se dirigia a seu amante, Morita, o estudante líder do Tatenokai, cujo papel no ritual era decapitar Mishima. Em um *seppuku* formal, o *kaishakunin* degola o moribundo, poupando-o da angústia prolongada da morte por estripação. Morita mirou o pescoço do escritor mas errou, acertou seu ombro. Tentou mais uma vez e deixou uma ferida ao longo de suas costas. Um terceiro golpe fez um corte no pescoço, mas não profundo o suficiente. Por fim, outro oficial, o estudante de direito Hiroyasu Koga, tomou a espada de Morita – a espada do escritor, a espada com a borla laranja – e cortou fora a cabeça de Mishima com um único golpe.

Morita, como planejado, se ajoelhou e tentou cometer *seppuku*. Era fraco demais. Fez um sinal, e Koga o degolou.

Na confusão que se seguiu, enquanto Koga e os outros oficiais se rendiam, enquanto os repórteres lutavam para reconstruir a sequência de eventos, a espada de Mishima foi levada em custódia pela polícia. Algum tempo depois, ela desapareceu.

É isto que me pergunto quando tento imaginar a cena: como Koga se sentiu? Ter acompanhado Mishima àquele lugar e então, inesperadamente, ter sido intimado a decepar sua cabeça. Ter passado o resto da vida com essa lembrança. (Koga, bem como seus colegas, também estava preparado para cometer *seppuku*, mas pouco antes da tentativa de golpe Mishima lhes ordenou que vivessem para explicar seus atos para o mundo.) Ter se desviado do centro da história, fadado à obscuridade, carregando aqueles momentos com ele. Foi condenado a quatro anos de prisão (entre outras coisas) por «assassinato

Viver como um japonês

111

consentido». Em seu julgamento, Koga disse que viver como um japonês é viver a história do Japão, que a experiência de cada japonês é a experiência da nação em um microcosmo. Que história ele deve ter concebido, pensei, para ter dito aquilo, para ter feito o que fez.

No meu terceiro dia em Tóquio, descobri que Koga estava vivo.

O MUNDO FLUTUANTE
Observe a triste figura do *yobidashi* com sua vassoura, sempre a varrer os limites da arena. Por longos minutos entre as lutas, enquanto os lutadores seguem com seus preparativos, esse homem modesto circula grave e paciente, alisando a areia, apagando qualquer traço. Nenhuma marca é permitida além da linha porque os juízes precisam dizer com um olhar se um dedão pousou fora do *dohyō*, se um calcanhar escorregou. Cada *rikishi* é chamado para a arena por um cantor e então seu nome é anunciado nos alto-falantes do estádio por uma voz que soa estrangulada e furiosa, como um oboé filtrado por um alarme de mergulho em um submarino. Enquanto isso, o *yobidashi* varre.

Os lutadores se desafiam à distância, se agacham e se flexionam, fazem caretas de intimidação um para o outro – não uma, mas duas, três vezes. Então se separam e caminham até seus cantos, onde apanham sal de uma tigela e o aspergem pela argila – outro ritual xintoísta de purificação. O *yobidashi* varre o sal, misturando-o à areia. Faixas de seda com os valores dos prêmios bônus dos patrocinadores – dinheiro extra garantido para o vencedor – são exibidas na arena, atadas a mastros. O *yobidashi* varre ao redor dos mastros. Os lutadores dão tapas na barriga, dão tapas nas coxas, sinalizando sua massa corpórea para o adversário. Os espectadores, que conhecem a rotina, conversam, tiram fotos, pegam sacos de petiscos com os garçons que circulam entre os corredores. No centro da arena o juiz posa e volteia seu leque com

AS FORÇAS DE AUTODEFESA DO JAPÃO

A constituição pacifista foi aprovada em 1946, depois que a derrota do Japão na Segunda Guerra Mundial negou ao país o direito de entrar em guerra ou de ter um exército. A intenção das medidas ditadas pelos Estados Unidos era livrar a sociedade japonesa de seu militarismo de uma vez por todas, mas a intensidade da Guerra Fria tornou necessária uma revisão parcial apenas alguns anos depois, levando, em 1954, à criação das Forças de Autodefesa do Japão (FAJ), que deviam assistir o exército norte-americano e dividir seu fardo. Embora as FAJ tenham sempre sido um exército *de facto* – o oitavo maior do mundo em termos de orçamento, com uma marinha de ponta considerada superior à sua equivalente chinesa –, elas não têm armas de ataque como bombardeiros, porta-aviões e mísseis balísticos de longo alcance, e há muito parecem uma espécie de força de proteção civil que intervém no caso de desastres naturais e emergências internas. Depois do fim da Guerra Fria, as FAJ também estiveram envolvidas em missões internacionais de manutenção da paz – no Iraque, por exemplo. Em 2005, o governo Abe aprovou uma lei controversa, que muitos consideram inconstitucional, introduzindo o conceito de «autodefesa coletiva» e ampliando a alçada das forças japonesas além de suas fronteiras.

uma técnica perfeita; o cabo de sua faca, que ele carrega como lembrança dos dias em que uma decisão errada significava *seppuku* imediato, desponta da faixa em sua cintura. Enquanto isso, o *yobidashi* varre.

Então a atmosfera muda. A multidão vai se calando. Os *rikishi* lançam um último punhado de sal e voltam para seus postos batendo forte os pés, os torsos gordos brilhando. O leque do juiz corta o ar entre eles. E, no último segundo antes de os combatentes se lançarem um contra o outro, o *yobidashi*, que até então nunca alterou seu ritmo, nunca em ponto algum se moveu sem deliberação perfeita e cuidado lento e silencioso, ergue sua vassoura e desce do *dohyō*.

Aqui está algo que você deve ter em mente em relação ao sumô: a rigorosa hierarquia que o rege. Não são apenas os *sumōtori* que são classificados. Os juízes também são. Assim como os *yobidashi*.

Hakuhō nada de braçada em suas cinco primeiras lutas. No segundo dia, deixa que o diminuto Toyonoshima, atarracado como um rabanete – 1,68 de altura e talvez 1,73 de circunferência –, o empurre quase até o limite da arena. E então, quando Toyonoshima investe com o que seria o empurrão da vitória, Hakuhō simplesmente não está lá; Toyonoshima aterrissa de bruços balançando os braços sobre o limite. No terceiro dia Hakuhō agarra o *mawashi* de Okinoumi, conhecido pela aparência de astro de cinema. Okinoumi supera o *yokozuna* em nove quilos, mas Hakuhō o ergue um pouco da terra batida e o conduz para fora da arena – é como ver alguém arrumando uma mesa de canto. No quarto dia, contra Chiyotairyū, um lutador cuja perna já foi quebrada em uma luta, Hakuhō o acerta no primeiro ataque e depois desvia para o lado; Chiyotairyū cai; a luta dura um segundo. No quinto dia, o combate é com Ikioi, lutador fisicamente forte, conhecido por controlar o *mawashi* de seu oponente. Hakuhō desvia

da pegada de Ikioi, planta uma mão atrás da nuca do adversário e o empurra para o chão. Alguém inexperiente em sumô talvez precise assistir dez segundos de uma luta para perceber que entre os *rikishi* da primeira divisão Hakuhō ocupa uma categoria própria. Os outros lutam na arena. Hakuhō compõe um pequeno *haiku* de batalha.

Sente-se certa expectativa na multidão ao longo desses cinco dias: o Conselho de Deliberação Yokozuna está no estádio para observar Kisenosato, um lutador da segunda divisão, *ōzeki*, cotado para ser promovido. A despeito das recomendações do grupo, porém, é a Associação Japonesa de Sumô que tem a última palavra. Não é sempre que isso acontece. Quanto aos rebaixamentos, ao contrário de um *sumōtori* de qualquer outra divisão, um *yokozuna* nunca pode ser rebaixado. Pode ser coagido a se aposentar, recomendação que o conselho deve fazer com muito tato. O comitê é composto de cerca de quinze membros, nenhum deles pertencente à Associação Japonesa de Sumô – são professores e dramaturgos, dignitários de ternos escuros de várias formações. Por cinco dias eles escrutinam tudo. São austeros e arrogantes, os lábios encrespados como bacon frito. A multidão está ansiosa porque Kisenosato é japonês, a grande esperança para o país ter um *yokozuna* nativo. E ele já fracassou em uma tentativa anterior .

A esperança do Japão é emburrada e empertigada, uma tia solteirona de 1,88 metro e 156 quilos, de tanga carmesim. A barriga se projeta obstinada; os peitos flácidos caem nas laterais. Ao entrar no *dohyō*, sua postura é ereta. Quando balança os braços antes da luta, ele o faz com uma lentidão de balé. No primeiro dia, sob os olhares do conselho, ele luta contra Toyonoshima, o homem-rabanete.

A multidão está receosa porque Kisenosato-esperança é considerado fraco sob pressão. O estalo da colisão das duas

Viver como um japonês

barrigas é estrepitoso. Toyonoshima enterra suas pernas atarracadas na terra batida, tentando forçar Kisenosato para trás. O homem-esperança dá uma pegada com a mão direita no *mawashi* verde-claro do homem-rabanete, mas não consegue erguer o adversário: sua mão escorrega e sua outra tentativa de derrubar o oponente também fracassa. Agora ele está em perigo. Toyonoshima é uma pequena locomotiva revolvendo-se adiante. As barrigas dos lutadores se encostam. Os músculos saltam em suas coxas. Com um enorme esforço, Kisenosato consegue voltar grunhindo para o centro do *dohyō* e põe Toyonoshima em xeque. Toyonoshima gira o torso com força para desviar do embalo do homem maior, e o golpe funciona; os joelhos de Kisenosato dobram e ele sai de costas e girando na plataforma de terra batida, caindo no fosso reservado aos fotógrafos. Derrotado, descansa de joelhos com as mãos no chão, cercado de flashes.

No quinto dia Kisenosato acaba mais uma vez além das margens, agora derrotado pelos empurrões frenéticos de Aoiyama, um gigante búlgaro. Os cenhos franzidos do Conselho de Deliberação Yokozuna acertam na boca do estômago de Kisenosato. Mais tarde vai correr o boato de que ele sofreu uma lesão no dedão do pé. De qualquer modo, a ex-esperança vai computar mais derrotas do que vitórias naquele *hatsu basho*, terminando com 7-8 – perde para Hakuhō no 13º dia. Não é dessa vez que haverá um *yokozuna* nativo no esporte que mais personifica a história do Japão.

***

Continuava pensando em Hiroyasu Koga.

Descobri na Wikipedia que desde 2005 Koga era um sacerdote xintoísta praticante que vivia em Shikoku, a menor das principais ilhas do Japão. Eu o imaginei em pé, de túnica branca, num cemitério atrás de um portão escuro.

As coisas de que você se lembra num sonho não são exatamente lembranças, no entanto qualquer coisa que você experimentou pode retornar em um sonho. Na época dos xoguns, os lutadores de sumô costumavam aparecer em *ukiyo-e* – o que quer dizer «imagens do mundo flutuante» –, xilogravuras que retratavam cenas de zonas de meretrício, cortesãs e atores do teatro kabuki, músicos e pescadores, arqueiros, demônios e fantasmas. Fui a uma exposição de *ukiyo-e* e notei que os lutadores estavam em meio a gueixas, e samurais ríspidos. Suas barrigas eram representadas com uma ou duas pinceladas curvas, os umbigos pareciam um xis, daqueles de histórias em quadrinhos. Seus olhos eram estranhamente plácidos, e pensei: em meio a tanta dispersão, vai ser um milagre se um dia eu conseguir concluir um pensamento.

E pensei em Koga. Não sei bem por quê. Não sabia como encontrá-lo, nem o que lhe dizer. Mas me informei sobre preços de passagens para Shikoku. Consultei o calendário de sumô para ver quando poderia me ausentar. Para ser honesto, o suicídio de Mishima sempre me parecera algo absurdo – de mau gosto, no mínimo. Mas pensei: é uma ilha pequena. Se conseguir chegar à estação de trem, vou andando até o santuário, e ele estará lá.

Então abri um mapa de Shikoku. «A menor das ilhas principais do Japão» se estende por 19 mil quilômetros quadrados, tem 4,1 milhões de pessoas e possui dezenas de santuários xintoístas. Desisti.

Mas percebi que não dava mais para voltar atrás. Sempre que eu entrava em um metrô, sempre que eu subia uma escada rolante em direção à luz, a ideia voltava, e pensei: se conseguir localizar o santuário, vou encontrá-lo. Tentei obter uma lista de templos xintoístas em Shikoku, mas como abordar o assunto?

Alô, oi, o senhor já ouviu falar desse autor famoso? Que ótimo. Agora, será que por acaso

Alunos do clube de sumô da Universidade de Asahi varrem o *dohyō*, a arena sagrada de luta, antes do treino.

Viver como um japonês

Abaixo e páginas 119 e 120:
Dois alunos do clube de sumô da Universidade de Asahi lutam durante um treino.

SEPPUKU

Remontando ao século XII, a prática samurai do ritual suicida envolve a estirpação com uma adaga, para libertar a alma e aceitar uma morte honrável como expiação de vergonha ou culpa, a fim de não se render a um inimigo. Ocorreu com frequência durante a Segunda Guerra Mundial, tanto por soldados comuns quanto entre oficiais de alto escalão do Exército – os ultranacionalistas general Chō e general Ushijima Mitsuru, ambos comandantes japoneses durante a Batalha de Okinawa (1945), foram dois deles. Quando a notícia do suicídio de Yukio Mishima começou a se espalhar, não havia registros públicos de casos de *seppuku* desde a guerra, e editores de jornais, incrédulos, pensaram que os repórteres haviam se enganado. A edição noturna de um jornal saiu com a manchete: «Mishima ferido e levado às pressas para o hospital». Havia também rituais de suicídios femininos menos cruéis, conhecidos como *jigai*, que consistiam em cortar as veias. Em 2001 outro caso de *seppuku* aconteceu quando o judoca Isao Inokuma, vencedor de uma medalha de ouro nas Olimpíadas de 1964, tirou a própria vida devido a dificuldades financeiras.

um de seus sacerdotes o decapitou no início dos anos 1970, usando uma espada de samurai de quatrocentos anos que desde então está desaparecida?

Já era uma pergunta absurda em inglês, o que dizer em japonês. E eu não falava absolutamente nada do idioma. Mesmo que encotrasse um intérprete, vai saber que cara faria diante dessa minha pergunta.

Por fim, escrevi um e-mail para meu amigo Alex, professor universitário que estuda literatura e cinema japoneses. «Pergunta esquisita do Japão» constava no assunto. Ele tinha alguma ideia de como eu poderia encontrar o *kaishakunin* de Mishima? Cliquei em enviar. Fiquei perambulando pela cidade, perdido, à espera da resposta. Ouvi um jazz que saía de algumas portas azuis. Fechei um pouco mais o casaco. Observei o sol crepuscular refletido em vidraças altas e opacas.

OS PATOS-MANDARINS

No Kokugikan correm histórias de fantasmas, barulhos misteriosos, mãos invisíveis que te agarram por trás. Os vigias relutam em passar por determinado corredor à noite. Um repórter do *Asahi Shimbun* lembra de ter sido empurrado por alguma coisa grande e redonda «como uma bola de vôlei», e quando ele se virou «não havia nada». Um funcionário foi puxado pelas costas enquanto usava o mictório. De um vestiário vazio ouviu-se a algazarra de um treino de sumô. Dizem que em algum lugar sob o estádio ou perto dele há uma vala comum com as vítimas do grande incêndio de 1657, que arrasou dois terços de Tóquio e matou 100 mil pessoas. O xogum construiu um templo para homenagear os mortos, depois o templo se tornou o local das lutas de sumô, que ficaram tão populares a ponto de se erguer o primeiro estádio nacional em 1909.

Pode-se pensar que até morrer no Japão é de algum modo viver sua história. Mas essa ideia não parece pesar sobre a torrente de fãs que cruza os portões sob faixas de seda farfalhantes, nem sobre os turistas *gaijin* que fazem fila na entrada para obter os radinhos que oferecem comentários em inglês. Os turistas falam sobre serem turistas e sobre os mil ienes de depósito pelos rádios. Será que vão ser reembolsados? Vão. Ninguém fala de fantasmas.

Hakuhō continua invicto, devastador. Vence as oito lutas seguintes. No décimo dia, golpeia com tanta força seu companheiro mongol, Kyojutenhō, de 39 anos, que praticamente o faz rolar para fora da arena. No 13º dia ele enfrenta Kisenosato, o *rikishi* japonês que perdeu a chance de ser promovido e está lutando apenas por orgulho. A disputa é furiosa. Hakuhō bate com a mão aberta várias vezes seguidas no pescoço de Kisenosato; nenhum dos homens consegue pegar no *mawashi* do outro, então eles apenas se batem violentamente, às cegas. É possível ouvir breves exalações, o ar saindo lembra o som de uma lata de spray sendo pressionada. Por fim, com o pé escorado no limite, Kisenosato gira para derrubar Hakuhō e falha. O *yokozuna* perde o equilíbrio e cambaleia para a frente, mas Kisenosato também tropeça para trás, e seu pé ultrapassa o limite uma fração de segundo antes da mão de Hakuhō. O *yobidashi* varre as marcas.

No 14º dia Hakuhō luta com Kotoshōgiku, um *ōzeki* de Fukuoka conhecido por enfrentar os oponentes com o torso. Kotoshōgiku parece estar num corpo a corpo estável com Hakuhō, os dois inclinados a partir dos quadris e se agarrando no meio do *dohyō*, então Hakuhō bate com a mão esquerda aberta no joelho do adversário, que cai rolando; o movimento é tão inesperado e não intuitivo – e o fim, tão repentino – que a luta quase parece combinada. Hakuhō não demonstra nenhuma emoção. No penúltimo dia do torneio ele está com 14-0 e a uma vitória do campeonato perfeito – um *zenshō yūshō*.

Seu corpo é estranho. Liso, quase amorfo, não é musculoso como um boxeador nem inchado como o de muitos *rikishi*. Gagamaru, o lutador georgiano que é atualmente o maior homem na primeira divisão do sumô – duzentos quilos e pouco mais de 1,83 metro de altura –, parece um cânion visto do alto, todo fissuras e dobras. Hakuhō é uma única e enorme rocha. Seu rosto é indefinido, tão largo que seus olhos parecem pequenos e sem pálpebras, mas também inexpressivos, reservados. De vez em quando ele lança para o lado um olhar de inteligência crítica. Depois volta a fazer cara de paisagem. É difícil sacar de onde vem sua força, tanto física quanto psicológica.

Outro mongol, o *ōzeki* Kakuryū, lutou para conseguir um histórico de 13-1, o que o capacitou para ser o único *rikishi* com chance de empatar com Hakuhō e forçar um desempate. Kakuryū é filho de um professor universitário que, ao contrário do pai de Hakuhō, não teve um passado de luta mongol. Com o campeonato em jogo, os dois vão se encontrar no último dia do torneio.

***

«Re: Pergunta esquisita do Japão» apitou na minha caixa de entrada no meio da noite. «Parece uma reportagem legal», escreveu Alex. Ele tinha investigado a questão de Koga, e, até onde podia dizer, Shikoku era um engodo. Koga nunca havia morado lá. Nem era um sacerdote xintoísta. Ele havia, sim, se juntado a um grupo religioso, mas era a Seichō-no-Ie, o Lar do Progredir Infinito, um movimento espiritual fundado nos anos 1930. A Seichō-no-Ie combina cristianismo com budismo e xintoísmo. Depois da prisão, Koga se tornou o líder da filial de Hokkaido, a ilha nevada no norte do Japão onde ele nasceu e foi criado. Casou com a filha do líder do grupo e mudou de nome numa demonstração de que havia sido adotado pela família dela: Hiroyasu Arechi. Arechi era um nome

japonês incomum, formado por caracteres que significavam «terra selvagem» ou «solo improdutivo». «Se quiser ser bastante literal», disse Alex, «Arechi» foi o título japonês para uma tradução do poema de T. S. Eliot «The Waste Land» [A terra devastada]. Mas aquilo era apenas uma coincidência.

A Seichō-no-Ie me chamou a atenção. Pesquisei numa das biografias de Mishima e lá estava: a avó do escritor havia integrado a seita. Quando Koga disse em seu julgamento que viver como um japonês é viver a história do Japão, ele estava citando um dos ensinamentos do grupo.

Então Alex me enviou um link que me deixou boquiaberto. Koga/Arechi se aposentara em 2012 e havia se mudado para o outro extremo do país, para a cidade de Kumamoto, na ilha ao sul de Kyushu. O link exibia um vídeo no qual um homem de 65 anos chamado Hiroyasu Arechi fazia um depoimento na condição de novo morador de um determinado condomínio. No início ele menciona que é de Hokkaido. Usa um suéter preto de gola V sobre uma camiseta esportiva de guingão vermelha e branca. Seus traços batem com aqueles do jovem Koga que eu vira numa fotografia em que ele está com seus companheiros do Tatenokai, ferozes em seus ridículos uniformes que imitavam os militares.

O homem no vídeo tem olhos cálidos. Enquanto fala, vemos ao fundo um pouco de seu apartamento. Flores numa varanda banhada de sol. Uma cortina recolhida e atada, de cor creme. No aparador, alguns porta-retratos, várias fotografias. Pessoas que parecem ser filhos e netos. Um casal de mãos dadas diante de uma paisagem. Jovens em um casamento. Um homem ou uma mulher de parca, sorrindo, com neve ao redor.

Ele não menciona decapitação ou suicídio ou Mishima. Fala que o ponto de ônibus é muito conveniente para o prédio. Os representantes de venda são simpáticos

e educados. O estacionamento próximo é um bom lugar para fazer caminhadas. Há uma loja MaxValu do outro lado da rua, aberta 24 horas por dia, um bom lugar para fazer compras. Há um jardim na cobertura. Ele tem uma varanda ampla. A vista à noite é linda.

***

Lembro do auditório do teatro Kabuki-za, a sala quente e alta, matizada das luzes que se refletiam nas suntuosas cortinas decoradas – garças em um riacho, o monte Fuji, um beija-flor saindo de um emaranhado de flores de cerejeiras. Na plateia, minúsculas senhorinhas com máscaras cirúrgicas, caixas de bentō apoiadas no joelho, parecendo satisfeitas; bandos de jovens estudantes de teatro escarrapachadas, vestindo meias arrastão. Velhos senhores a dormitar em seus assentos, com as duas mãos equilibrando-se sobre a bengala. A peça de kabuki era sobre sumô ou envolvia sumô, eu não tinha muita certeza. O audioguia em inglês era vago quanto aos detalhes. A história da peça era bastante complexa e ela mesma era um minúsculo fragmento de uma história mais abrangente sobre dois irmãos em busca de vingança pela morte do pai, uma vingança que se estendia por décadas e derivava inexoravelmente de uma história ancestral. Quando a

«Os figurinos dos amantes viram do avesso e revelam uma plumagem brilhante como uma ilustração de livro infantil, penas vívidas como fogo. Então todos ficam imóveis e a cortina desce.»

cortina se abriu, no entanto, a história era simples. Era uma história sobre o amor.

Uma linda jovem é disputada por dois homens. Ela ama o belo moço com um rosto insuportavelmente triste, mas o robusto vilão estrábico de rosto laranja-avermelhado está determinado a levar a melhor. O vilão (fico sabendo pela voz no meu ouvido) nunca havia perdido uma luta de sumô. Então o jovem com o triste rosto branco e o lutador de rosto laranja-avermelhado se enfrentam para decidir quem irá casar com a moça. Eles dançam o combate, girando devagar, quase sem tocar as mãos um do outro. Por fim, o jovem com o triste rosto branco vence a luta. Mas o vilão estrábico, num aparte sinistro para a plateia, avisa que a coisa não ficaria por isso mesmo. Ao bater os olhos em um casal de patos-mandarins no lago, ele lança sua adaga e mata o macho (um pequeno pato de madeira vira de cabeça para baixo, como um pato de quermesse). O vilão explica que, se o jovem beber o sangue do pato, ele vai enlouquecer. E o vilão logra que o rapaz faça isso.

Mas o pato-mandarim é um símbolo de casamento, de fidelidade, e, agora, de algum modo sobrenatural, os dois jovens começaram a rodopiar. Rodopiam até que se transformam em patos. Eles se tornam, por magia, as almas dos patos. Lançam-se pelo ar com asas brilhantes. Agora são imateriais, eternos. Na mesma terra onde a luta de sumô fora disputada, os patos-alma atacam o lutador. Eles dançam o ataque, pinçando e arqueando as costas. Derrubam o vilão estrábico no chão, deixando-o ainda

mais estrábico. Os figurinos dos amantes viram do avesso e revelam uma plumagem brilhante como uma ilustração de livro infantil, penas vívidas como fogo. Então todos ficam imóveis e a cortina desce.

O CASTELO RECONSTRUÍDO

O romance de Mishima *Cavalo selvagem* conta, em parte, a história de uma rebelião samurai. Em 1868 o reinado dos xoguns terminou e o poder passou para o imperador ou (porque nada nunca é tão simples como a história oficial) para um grupo de poderosos que atuava em nome dele – foi a chamada Restauração Meiji. A grande classe dos samurais que governara o Japão por centenas de anos foi destituída e dissolvida; editos imperiais forçaram membros da antiga casta a não mais usar os cabelos presos em coques ou portar espadas. A ideia do século XX do samurai como um guerreiro com armadura, uma espécie de cavaleiro japonês, não é precisa. Alguns eram guerreiros, sim, e todos precisavam de autorização para carregar espadas. Já no século XIX a classe dos samurais tinha evoluído para um tipo de burocracia governamental hereditária; muitos samurais eram oficiais que desempenhavam papéis sem nenhuma relação com guerras.

Em 1876, um grupo de duzentos ex-samurais reacionários, a Liga do Vento Divino, desfere um ataque noturno surpresa ao castelo da cidade de Kumamoto, na ilha ao sul de Kyushu. Enquanto os alojamentos queimam, os agressores repelem os soldados do Exército Imperial, deixando centenas de feridos, que em seguida são mortos. Incêndios irrompem por toda parte. «Até seus trajes, ensopados de sangue inimigo, brilham escarlate nas chamas», Mishima escreve sobre um dos samurais. Por fim os soldados se reagrupam e apanham suas armas e munições. A Liga, cujo objetivo era erradicar todo e qualquer traço de ocidentalização e restituir ao Japão seu passado feudal, escolheu lutar com espadas. Sem armas de fogo, os samurais são dizimados. O líder do ataque, gravemente ferido, chama um seguidor para degolá-lo. A maioria dos sobreviventes comete *seppuku*.

Prédios antigos no Japão raramente são antigos de fato. Um país cujas construções são de madeira corre o permanente risco de perder seus monumentos para incêndios. Santuários antigos são na realidade cópias de santuários antigos. O Palácio Imperial em Quioto já foi reconstruído oito vezes, e sua configuração atual não faria sentido para nenhum dos imperadores que viveram ali. A principal fortaleza do castelo de Kumamoto dizimada pelas chamas em outro levante samurai, em 1877, foi reconstruída em concreto em 1960. As formas retornam repetidamente. Elas se extinguem de forma violenta, mas nunca se extinguem de fato. Viver como um japonês, disse Koga, é viver como a história do Japão.

Seu prédio está lá. O de Koga, quero dizer. Em Kumamoto. Abaixo do monte do castelo. A algumas centenas de metros da cena da batalha no livro de Mishima, quando pensei nele pela primeira vez.

O castelo fica no centro da cidade, sobre um monte. Embaixo há um minúsculo estacionamento com uma máquina de café Boss. As fortificações fundem-se com a encosta atrás do estacionamento, um casco de pedras grandes e escuras, íngreme demais para subir.

O prédio dele está ao pé do monte. A uma caminhada de cinco minutos, se tanto. É só

SEICHŌ-NO-IE

A Seichō-no-Ie é a mais popular das «novas religiões» do Japão, com cerca de 1,5 milhão de seguidores (apenas um terço dos quais vive no país). Fundada em 1930 por Masaharu Taniguchi, influenciada pelo Movimento Novo Pensamento norte-americano e pela cultura ocidental de modo mais geral, ela se difundiu rapidamente entre a comunidade imigrante japonesa no Brasil, onde está a maioria de seus seguidores. Por meio de meditação e gratidão à natureza, à família e aos ancestrais, os seguidores do movimento afirmam o poder criativo dos pensamentos e das palavras; de acordo com sua doutrina, o mundo material, o corpo humano e as doenças não existem – bastaria sintonizar em uma imagem positiva da realidade para influenciá-la. Esse otimismo combina com certo capitalismo turbinado (as lojas Yaohan, que mais tarde passaram a chamar MaxValu, costumavam distribuir material da seita para seus funcionários) assim como com um grau incomum de patriotismo, que inclui a ornamentação de altares com a bandeira japonesa, referências frequentes ao imperador e a convicção de que a raça japonesa desempenha um papel fundamental na história.

dar a volta no declive e se avista o condomínio, uma série de blocos atarracados, cinzentos e idênticos, cada um com onze andares, talvez. Carros aceleram pela rua cheia. Um vigia de jaqueta cinza e capacete branco está de pé ao lado do portão, junto de alguns cones laranja de trânsito. Barras roxas, em neon, listram a placa do condomínio, escrita em inglês, fixada numa cerca de pedras escuras.

Há um ponto de ônibus muito conveniente para o prédio. Há uma MaxValu bem do outro lado da rua.

***

Cá estou eu. Parado no estacionamento da MaxValu. São quatro da tarde. O tempo está chuvoso e frio. Os carros que entram para estacionar são utilitários, com a traseira compacta, como minivans modernas nas cores dourado, azul-claro e branco. Têm o formato de lutadores de sumô, acho, e me dou conta de que o sumô é essencialmente um esporte de recusar-se a morrer, recusar-se a ser destruído, recusar-se a aceitar a não solidez do sonho. Era um entretenimento de rua, na verdade, até o início do século XX. Então a tradição dos samurais o pôs abaixo e ele precisou ser reconstruído.

E logo começo a pensar nisso enquanto assisto Hakuhō enfrentar Kakuryū na TV do quarto de hotel, em teoria a última luta do último dia do torneio. Hakuhō perde a chance de agarrar o *mawashi* do adversário bem quando este consegue uma pegada com as duas mãos no *mawashi* do oponente. Kakuryū salta adiante e desliza com pulos espasmódicos, empurrando o *yokozuna* de costas para o limite do círculo de feixes de arroz, onde seus joelhos e seus calcanhares vão se flexionar frenéticos, até ele tombar, o melhor lutador do mundo, além do limite de argila, virando de barriga para baixo enquanto cai. Ao levantar, Hakuhō não esboça nenhuma reação. Minutos depois, na luta de desempate para quebrar o histórico

idêntico 14-1, ele agarra Kakuryū no meio da arena, se inclina e o ergue; carrega-o para fora da areia e então o empurra para trás. Os dois caem da arena ao mesmo tempo, mas o pé de Kakuryū toca o chão primeiro, rendendo a Hakuhō a Copa do Imperador e sagrando-o campeão do torneio pela 28ª vez. O *yobidashi* vai varrer as marcas. Hakuhō vai sorrir de leve, não um sorriso escancarado. Isso vai acontecer mais tarde. Agora estou encostado em um gradil do estacionamento da MaxValu, pensando sobre resistência às quatro da tarde. Olho para o outro lado da rua movimentada, em direção ao condomínio do homem que decapitou Yukio Mishima e que depois disso viveu toda uma vida, viveu mais quarenta anos. Penso: ele está ali. Penso: é hora de decidir o que fazer.

Levanto e sigo para a faixa de pedestres. O vento está úmido. Estamos em janeiro, então não vejo nenhuma borboleta. O dia está nublado, então não vejo a lua. 🐦

Sweet Bitter Blues

Por que os japoneses são loucos por blues? A jornalista norte-americana Amanda Petrusich se aventura pelas vielas de Tóquio em busca da resposta, que parece ter mais a ver com a natureza da cultura japonesa do que com o exotismo de um gênero musical marcadamente afro-americano.

AMANDA PETRUSICH

Fabian Yūsuke, guitarrista e cantor da banda de Toquio Minnesota Voodoo Men, de rock'n'roll e blues, em seu apartamento de um cômodo revestido com isolamento acústico, onde ensaia com sua banda.

As ruas e vielas sinuosas de Shimokitazawa, bairro no extremo oeste de Tóquio, são estreitas demais para permitir a passagem de um automóvel. Mas a pé pode-se facilmente perder uma tarde vagando por suas ruelas, perscrutando araras abarrotadas de camisetas vintage amarrotadas e prateleiras de utensílios de cozinha esmaltados, bebericando coquetéis elaborados com os mais diversos ingredientes. Os guias turísticos descrevem a área como «encantadoramente caótica» e «meticulosamente informal». Ela talvez seja uma aproximação do Brooklyn com algum enclave boêmio europeu. Gente jovem em bares e cafés mexendo em aparelhos eletrônicos, fumando com uma afetação elegante.

Eu estava em Shimokitazawa para ouvir Steve Gardner – cantor e guitarrista de blues de Pocahontas, Mississippi – no minúsculo clube Lown. Artistas americanos de blues – fornecedores de «black music», como são conhecidos aqui – podem conseguir bons trabalhos em Tóquio e nos arredores. Anos atrás, quando pesquisava para um livro sobre colecionadores de discos de 78 rotações excepcionalmente raros, me dei conta da admiração japonesa por

intépretes e divulgadores da música folk norte-americana. Discos de uma certa era atravessavam tranquila e continuamente o Pacífico – endereçados, me disseram, a colecionadores ávidos e abastados.

Não conseguia descobrir por que os japoneses gostavam de blues com tanta devoção e prodigalidade. Embora gênero estrangeiro no Japão, o blues é adorado, contemporâneo, presente. Passei os dois primeiros dias em Tóquio vasculhando sôfrega as muitas e excelentes lojas de discos, maravilhada com a variedade da oferta. Tinha me perdido na Tower Records, de nove andares, em Shibuya («*no music no life*», dizia um letreiro enorme na fachada); passara por uma banda de K-pop chamada CLC, uma abreviação para Crystal Clear – sete moças que pareciam muito jovens, com roupas iguais, numa dança sincronizada, lânguida, os braços esguios para frente e para trás diante de uma multidão hipnotizada –, e subira de elevador até um andar com mais CDs de blues shrinkados do que eu jamais tinha visto reunidos em um único varejista. Tinha ido a um minúsculo e tranquilo bar – JBS, ou Jazz, Blues e Soul – com prateleiras do chão ao teto que abrigavam os 11 mil LPs do dono, Kobayashi Kazuhiro, entre os quais ele selecionava

AMANDA PETRUSICH, jornalista e crítica musical da *New Yorker*, é autora de três livros. Seus artigos, que além de música falam de viagens e subcultura, também foram publicados no *The New York Times*, *Pitchfork*, *GQ*, *Esquire*, *Playboy*, *The Nation* e na *The Atlantic*. Em 2015, ano em que a *Brooklyn Magazine* a considerou uma das cem pessoas mais influentes na cultura do Brooklyn, recebeu a MacDowell Fellowship; em 2016, ganhou a Guggenheim Fellowship na categoria não ficção.

com zelo a trilha sonora de cada noite. Tinha visto mais de uma pessoa com uma camiseta de Sonny Boy Williamson. Tinha ouvido falar de audiófilos que instalavam seus postes de energia por conta própria para conseguir «mais eletricidade» direto da rede para seus equipamentos de som elaborados. Não sabia, porém, o que essa música significava para os japoneses – como e por que havia chegado a ocupar o imaginário coletivo, o que ela podia oferecer àquele público.

***

Algumas horas antes da apresentação de Gardner mergulhei no restaurante subterrâneo Village Vanguard, cujo nome era presumivelmente em homenagem ao famoso clube de jazz de Nova York, embora eu não conseguisse discernir nenhuma ligação literal ou espiritual estre os dois estabelecimentos. Um letreiro na porta o identificava como uma «quase hamburgueria». Pedi hambúrguer. Reproduções de Norman Rockwell estavam pregadas nas paredes ao lado de páginas da revista *Life*. «Paradise City» dos Guns N'Roses balia nos alto-falantes suspensos. A decoração evocava o interior da hospedaria de *Thelma e Louise*, exceto pelo bar em si com temática havaiana, revestido de luzes e flores tropicais

Uma *jam session*, em frente ao Big Mama, uma loja vintage em Fussa, cidade-dormitório a oeste de Tóquio, onde fica a base Aérea de Yokota.

de plástico. Tentava desenvolver uma compreensão mais rica de como os japoneses metabolizam e reiteram as noções de memorabilia americana, mas o efeito cumulativo era vertiginoso – uma amálgama incongruente de significantes. (Aposto que muitos restaurantes em estilo japonês nos Estados Unidos dão a mesma impressão insana para os japoneses.) Mordisquei uma batata frita. Havia placas de carros de Illinois e de Montana penduradas sobre minha mesa.

Tinha marcado um encontro com o escritor expatriado Michael Pronko, nascido em Kansas City mas vivendo em Tóquio havia vinte anos. Professor de literatura, cultura, música, cinema e arte americana na Universidade Meiji Gakuin, Pronko escreve e edita o website *Jazz in Japan*, com resenhas, entrevistas e ensaios sobre música ocidental na Ásia. Ele estava à minha espera na entrada da estação de metrô Shimokitazawa, de chapéu, óculos e uma barba de um homem já viajado – o jeito curtido mas refinado de correspondente de guerra. Fomos a um bar.

Supunha que Pronko tivesse alguma ideia a respeito do êxito do blues americano entre a audiências japonesas. Eu estava a par da rotineira explicação sócio-histórica – soldados afro-americanos alocados no Japão durante a Segunda Guerra Mundial e depois dela tinham levado suas coleções de discos, e assim o gosto por aqueles sons (que eram desconhecidos e, para muitos ouvintes japoneses, viciantes) se enraizaram, floresceram. Essa, é claro, também é a história de toda diáspora musical: uma música ou um estilo viaja, via discos comercialmente prensados ou partituras musicais ou transmissões de rádio ou os próprios músicos, e somos lembrados mais uma vez de que a arte transcende a geografia e que é impossível negar que algumas expressões são incontestavelmente universais.

Sweet Bitter Blues

«Quando boto um blues pra tocar em aula, digo aos alunos para não prestarem atenção nas letras, mas ouvir o sentimento *da música – o soco no estômago. Façam isso primeiro e depois passamos às palavras. Acho que esse tipo de expressão direta, emocional, sem amarras é o que tem apelo de verdade para os japoneses, porque as coisas são muito contidas nessa sociedade.»*

Eu estava curiosa, no entanto, sobre as particularidades dessa transmigração em especial; o blues, afinal, deve muito a seu local de origem, o Deep South – noroeste do Mississippi e partes do Arkansas, da Louisiana e do Texas, especificamente. Aos meus ouvidos, é o mais essencialmente americano de todos os grandes idiomas americanos e contém uma narração de suas paisagens de origem mais literal e precisa do que qualquer outro gênero em que consigo pensar – nos primeiros blues sentem-se uma saturação e um peso, um calor ensopado mas crepitante, certa monotonia. Essa é uma das razões pelas quais o turismo relacionado ao blues continua a prosperar no delta do Mississippi. Os fãs compartilham uma crença difundida de que essa música talvez seja mais bem decifrada se se examina mais de perto sua nascente, quando se chega a conhecer sua terra, quando se vai de carro para o assim chamado Devil's Crossroads, em Clarksdale, onde as autoestradas 61 e 49 se cruzam e onde, no mais apócrifo de todos os grandes mitos dos blues, Robert Johnson teria vendido sua alma ao diabo para que pudesse dedilhar solos mais quentes. Fãs de blues estacionam, saem atordoados de seus carros, respiram fundo o ar sulino ensopado e, talvez, alguma parte de si mesmos é destravada. Eu já fiz isso, é tudo o que posso dizer – fui até lá procurando respostas. E encontrei algumas.

Pronko e eu pedimos cerveja. Minhas teorias não tinham muita base, mas fui adiante. Falei sobre o que eu entendia como uma tensão premente entre a humildade japonesa – um estoicismo difundido e inabalável – e o espírito mais livre do blues. Eram generalizações amplas, talvez irresponsáveis, sim, mas sem dúvida a desconexão era palpável. «O blues é cru. Não há filtro – os músicos costumam dizer que estão com raiva, que estão deprimidos», concordou Pronko. «Na cultura japonesa você tende a não expressar essas coisas. Dizer ‹ah, estou me sentindo um lixo› é um fardo para a outra pessoa, porque então ela é obrigada a ouvir e a cuidar de você. Talvez aconteça o mesmo nos Estados Unidos, mas essa obrigação é mais forte aqui», ele continuou. «Quando boto um blues para tocar em aula, digo aos alunos para não prestarem atenção nas letras, mas ouvir o *sentimento* da música – o soco no estômago. Façam isso primeiro e depois passamos às palavras. Acho que esse tipo de expressão direta, emocional, sem amarras é o que tem apelo de verdade para os japoneses, porque as coisas são muito contidas nessa sociedade.»

Terminamos seguindo para o Lown, subindo alguns lances de escada (Tóquio, ao contrário da maioria das cidades norte-americanas, aproveita os espaços verticais de modos polivalentes – as fachadas de

uma loja não dão necessariamente para a calçada) até chegar ao que parecia uma pequena sala de estar com um bar bem abastecido. «É o que chamam de ‹live house›», disse Pronko. «Os músicos a alugam ou fazem um acordo com os proprietários para tocar aqui.» Ele já havia mencionado que costumava ser o único não japonês na plateia em shows de blues, e agora eu via isso *in loco*. Pronko me apresentou a Samm Bennett, outro expatriado – nasceu e foi criado em Birmingham, Alabama – que trabalha em Tóquio como músico. Sentamos no fundo, talvez porque fôssemos uns dos mais altos do lugar.

O guitarrista Fabian Yūsuke toca em uma *jam* do lado de fora do Big Mama, em Fussa.

Steve Gardner estava programado para ser o segundo. Ele foi precedido pelo duo folk chamado Magic Marmalade, que apresentou uma adorável canção sobre um cacto chamado Linda (de acordo com minhas anotações, a letra incluía o verso «Deixe-nos fundir na dança cósmica»). Em seguida, Gardner – um homem gentil e divertido, de jeans, suspensórios e um chapéu *pork pie* branco – passou pela multidão rumo ao palco com uma guitarra ressonadora da National. Sua voz era bulbosa, áspera, alta – partes iguais de Sam Elliott e Charley Patton. Ele sacou um slide de vidro e abriu com uma versão animada de «Shady Grove», uma canção folk tradicional apalache.

Gardner é um contador de histórias nato, e ganhou a plateia de cara. «Na verdade não havia blues nenhum até eles descobrirem um jeito de vendê-lo. Antes de ser gravado, era apenas música, e é assim que devia ser, sabe?» Gardner faz uma pausa, trabalha em alguns solos. «Muitas músicas excelentes eram gravadas por sujeitos que não enxergavam muito bem. Um homem chamado Blind Blake fez esta música, e eu gosto dela pra caramba», ele diz. «É uma canção das antigas chamada ‹Police Dog Blues›.»

«Police Dog Blues» foi gravada em Richmond, Indiana, em 17 de agosto de 1929, para a Paramount Records, uma fábrica de cadeiras transformada em gravadora que ficava em Grafton, Wisconsin. Não se sabe muito da vida de Blake: nasceu cego em 1896, em Newport News, Virgínia, mas também morou em Jacksonville, Flórida, e na Geórgia (já se disse que ele às vezes falava num dialeto geechee – a língua crioula da comunidade afro-americana gullah de algumas áreas litorâneas da Geórgia e da Carolina do Sul). Em 1926 começou a gravar para a Paramount, com a qual fez cerca de oitenta disco de 78 rotações; para um artista de country blues de antes da guerra, ele era bastante prolífico, o que significa que também se saía bem comercialmente. «Police Dog Blues» é uma canção, pelo menos em teoria, sobre saber quando desistir do amor. «All my life I've been a travelling man», canta Blake em sua voz doce e lapidada, dedilhando o violão. «I ship my trunk down to Tennessee, hard to tell about a man like me.»

A versão de Gardner era mais comprida, menos convencional. «I met a gal, I couldn't get her off my mind», ele vociferou; havia desespero real em sua voz. Ouvir a música tocada assim, nos arredores de Tóquio, bebericando um copo de bourbon do Kentucky numa sala cheia de japoneses, arrebatados, fãs de blues, era espiritualmente intenso. De acordo com minhas anotações, escrevi apenas uma única linha, inescrutável: «Essa merda, a mesma velha merda, sempre a mesma». O jeito que as coisas seguem. O que nos torna humanos.

***

Se você é americano e está às voltas com os preparativos para sua primeira viagem a Tóquio, ao sondar sua rede de conhecidos em busca de dicas, vai ouvir que a cidade é inexpugnável para quem é de fora, sobretudo para ocidentais. E vai se perguntar se as pessoas estão tirando uma da sua cara quando dizem coisas do tipo: «As ruas não têm nome» ou «Tem um clube lindo, mas não dá para explicar como chegar lá».

Acontece que o sistema de endereços japonês é famoso por ser idiossincrático. Tóquio é abarrotada de vielas que se ramificam, iluminadas por lanternas que parecem circular perpetuamente – milhares de caminhos espiralados que levam a Deus sabe onde. Os endereços das ruas, quando acontece de serem transcritos em caracteres latinos, tendem a parecer combinações de cadeados, como 2-10-305; isso é em teoria o bairro, seguido do quarteirão, seguido do número da casa, e, se seu destino for um apartamento, ainda vai aparecer um quarto número. Nos bolsões mais intricados, a numeração dos prédios não é consecutiva (o 10 pode preceder o 6). Até os residentes dão referências visuais. Por exemplo: «Você desce na estação Shibuya, vira à esquerda depois de ter visto três *izakaya* (bares tradicionais) seguidos, vira mais quatro vezes à direita, vira duas vezes ligeiramente à esquerda, sobe uma ladeira íngreme, vira, encontra a viela, procura o prédio com uma cobra em um terrário na vitrine, depois sobe até o terceiro andar e bate algumas vezes na porta – bate com bastante força».

Se você procurar ajuda na internet, se achando um repórter investigativo de primeiro time, vai acabar em páginas com títulos como «A mágica arte de encontrar um endereço japonês» ou – e esta é do *New York Times* – «Tóquio, onde as ruas são como miojos». Essa matéria inclui o relato de uma conversa em que o autor implora por algumas dicas ao dono de uma loja. Havia algum truque que os não residentes poderiam usar para se guiarem pela cidade? «Não», disse o sujeito, que se recusou a dar seu nome. «Você só tem de ficar dando voltas a pé, é a melhor maneira.»

Passei grande parte do meu tempo em Tóquio – oito dias no fim de julho – me sentindo feliz, mas inquieta, perplexa. Penso duas vezes antes de contar isso porque, é claro, é sempre a mesma velha história: uma americana solta no Japão fica imediatamente à deriva, abalada, vagando pelas ruas numa espécie de atordoamento desnorteado e solitário. O guia desse cânone em particular (que é surpreendentemente bem nutrido) é o filme de 2003 de Sofia Coppola, *Encontros e desencontros*, que narra a relação estranha e pungente entre Charlotte, uma universitária recém-formada, e Bob, um decadente ator de cinema, enquanto eles perambulam pelo opulento e hermético hotel Park Hyatt de Tóquio, aventurando-se apenas de vez em quando além dele. Ambos estão procurando intensamente por alguma coisa que não conseguem nomear. Ou que não se sentem prontos para tanto.

Charlotte (Scarlett Johansson) está no Japão com o marido, um fotógrafo de celebridades a trabalho; Bob (Bill Murray) está gravando uma série de comerciais para o uísque Suntory («*For relaxing times ... make it Suntory time!*»). É um filme bonito e poético sobre o desejo – ou pelo menos sobre reconhecer o próprio vazio. Também é um filme sobre estar cansado, tanto literalmente – há uma diferença de pelo menos treze horas entre a Costa Leste dos Estados Unidos e o Japão, o que quer dizer que o dia é de todo invertido, uma ampulheta virada – quanto metafisicamente.

O escritor Joe Wood descreve «uma sensação de isolamento» se prendendo a seu cérebro «como um pedaço de gelo» quando

É TEMPO DE SUNTORY TIME

O filme *Encontros e desencontros* foi lançado em 2003, ano em que os ocidentais viram Bill Murray na publicidade do uísque Suntory, quando a bebida japonesa recebeu reconhecimento adequado. Não exatamente graças a Murray, mas à medalha de ouro que o Yamazaki de doze anos (na verdade, um produto da corporação Suntory) recebeu no Desafio Internacional de Destilados. Depois disso ele foi conquistando vários prêmios, e então, em 2014, o Yamazaki Sherry Cask de 2013 bateu todos os escoceses single malte, e a *Jim Murray's Whisky Bible*, o guia anual dos connoisseurs, o consagrou o melhor uísque do mundo. Os principais produtores de uísque japonês são a Suntory e a Nikka, fundadas respectivamente pelo farmacêutico Torii Shinjirō, em 1924 (a primeira destilaria ficava em Yamazaki, entre Osaka e Quioto, numa área conhecida pela excelente qualidade de suas águas, onde o lendário mestre do chá Sen no Rikyū havia construído sua própria casa de chá), e seu sócio Taketsuru Masataka, que abriu uma filial dez anos depois. Assim como a pureza das águas, fatores da qualidade da bebida são a alternância clara das quatro estações, o que oferece condições excelentes de envelhecimento; atenção aos detalhes e fidelidade aos métodos artesanais de produção, que seguem as diretrizes escocesas. O problema é que as destilarias não dão conta das demandas, o que acarreta uma disparada de preços de certas garrafas e o abandono do processo de envelhecimento por parte de alguns produtores.

Sweet Bitter Blues

> «Máscaras, reais ou metafóricas, são onipresentes no Japão. ‹Você pode ver um japonês relaxar claramente quando ele entra em um clube›, diz Pronko. ‹É um espaço sagrado nesse sentido›.»

chegou a Tóquio vindo de Nova York – é o que lemos logo nos parágrafos de abertura de seu ensaio de 1997 «The Yellow Negro» (para a revista *Transition*), sobre relação do Japão com a cultura negra. Eu conseguia perceber como o Japão pode ser um lugar para onde os americanos viajam não apenas para se afastar do dia a dia, mas para tornar o dia a dia incompreensível; se a sua vida começou a lhe parecer alheia a você, uma solução satisfatória pode ser ir a um lugar onde ela é de fato irreconhecível, alheia, a fim de tornar realidade o que você já sabe dentro de você. Isso pode dar conta dos sentimentos de dissociação e solidão que com tanta frequência assombram essas histórias.

E também tem a ver com a dimensão de Tóquio: são 13,5 milhões de pessoas vivendo nos limites da cidade e 38,5 milhões na chamada grande Tóquio, o que faz dela a área metropolitana mais populosa do mundo. E isso inevitavelmente lhe dá a sensação de que você é uma vida entre muitíssimas, uma percepção que soa banal, até estúpida, mas que ainda pode ser o gatilho para um tipo moderno de espiral existencial. Então há a insularidade particular do Japão: trata-se de uma nação insular, culturalmente homogênea (números recentes sugerem que cerca de 98% da população se identifica como japonesa) e com frequência desconfiada de pessoas de fora, ou *gaijin*. Perambulando por Tóquio, senti que era quase impossível não ser o tempo todo lembrada de que era estrangeira.

E assim não dá para escapar do carimbo de turista: você está exausto e de cara é identificado como um intruso, e aí fica contando prédios, e percorrendo distâncias enormes e ridículas na direção exatamente oposta, e se aclimatando mal à umidade, e desnorteado pelo idioma, e sentindo-se sensível à sua vida em relação a cada uma das outras vidas, e, de algum modo, naquela confusão, acontece um tipo de dissociação cognitiva. Uma fissura. O que emerge desse espaço é diferente para cada um. O crítico de cinema Elvis Mitchell escreveu que *Encontros e desencontros* sugere «um momento de desvanecimento que se dissipa diante dos olhos dos participantes». Muitas memórias ocidentais sobre Tóquio compartilham de uma qualidade residual similar: são incompreensíveis, liminares, nebulosas. E então somem.

***

Mais tarde, naquela noite, depois de se apresentar, Gardner me acompanhou até a estação de metrô e me indicou como chegar ao hotel. Suspeitei que dava para ver na minha cara aquele tipo de exaustão que impede que novas informações sejam gravadas bem ou rapidamente. Quando ele se virou para voltar ao Lown, vi um japonês de aspecto comum, com uma camiseta grafite, talvez dezenove ou vinte anos. Não havia mais ninguém por perto; ele estava atrás de um arbusto frondoso, perto de um mercadinho de costas para a rua. Trazia uma guitarra acústica pendurada no pescoço por uma cordinha. Estava curvado sobre ela, meio inclinado, tocando repetidas vezes um solo de country blues.

Foi um momento estranho e íntimo. Senti que talvez eu não devesse estar ali, se bem que provavelmente ele não tivesse se dado conta da minha presença. Ele tocava tão bonito, com paixão e distanciamento ao mesmo tempo. Trens intermunicipais brilhantes passavam acima de nós, refletindo a vitrine da fachada do mercadinho. Prendi a respiração e fiz um vídeo de nove segundos com meu celular. Tenho a prova de que isso aconteceu.

***

Algumas semanas depois de voltar aos EUA, Pronko compartilhou alguns textos de alunos seus sobre Bessie Smith, na esperança de que os trabalhos pudessem esclarecer algumas inquietações minhas. Embora seus alunos ainda estivessem aprendendo inglês, achei os registros comoventes, incisivos. Um deles, respondendo à carnal «Do Your Duty» da última sessão de gravação de Smith em Nova York em 1933, disse: «Nessa canção, ela diz ‹Faz isso! Faz aquilo!› para seu homem. Se eu fosse ela, não ia poder dizer porque é um monte de coisa vergonhosa. Mas ela fala tudo que quer direto e sem vergonha para seu homem, então ela é muito legal. E essas músicas de Bessie Smith dizem para mim ou para a gente que tudo bem ser egoísta, então senti coragem depois de ouvir e estudar essas músicas».

Antes de ir a Tóquio, eu havia lido sobre o fenômeno japonês do *karōshi*, ou morte por excesso de trabalho (ver página 140). Em 2008, o *Washington Post* publicara uma reportagem sobre a tal «ética profissional assassina» japonesa, explicando que «as regras sobre horas extras permanecem tão nebulosas e são cumpridas com tanto desleixo que a Organização Internacional do Trabalho das Nações Unidas descreveu o Japão como um país sem limites legais na prática». Não é incomum que um assalariado – o tal «colarinho-branco», como se diz de um funcionário corporativo – tenha um colapso repentino seguido de morte, com frequência após sofrer algum tipo de ocorrência cardíaca ou por meio de um ferimento autoinfligido. O suicídio é hoje a principal causa de morte de homens com idade entre 20 e 44 anos no país e não é considerado uma maneira particularmente desonrosa ou vergonhosa de morrer. (Pilotos kamikaze, que conduziram ataques suicidas em navios de guerra aliados, ainda são vistos como heróis; isso pode ser explicado em parte porque o cristianismo, que considera o suicídio um pecado, nunca pegou muito no país.)

Pronko me disse que já havia percebido que os assalariados pareciam se transformar ao ouvir música. «Me desliga dos meus pensamentos, da minha obsessão pelo trabalho, e me leva para uma experiência humana», eles diziam. «Me faz parar de pensar em toda essa merda e começo a ser uma pessoa.»

A ideia de uma identidade deliberadamente oculta ou movediça é fulcral na história cultural japonesa: o teatro Nô, que despontou em meados do século XIV, e o kabuki, do começo do século XVII, são duas tradições teatrais que dependem de um poder transformador e às vezes desconcertante de uma máscara (ou, pelo menos, de uma maquiagem bastante pesada). Máscaras, reais ou metafóricas, são onipresentes no Japão. «Você pode ver um japonês relaxar claramente quando ele entra em um clube», continuou Pronko. «É um espaço sagrado nesse sentido. Nos Estados Unidos você também vai ouvir música para dar um tempo, para ser outro por um momento. Mas é menos explícito, pois a pressão é menor – você pode

Acima: *Jam session* mensal no clube Cactus, em Tóquio; o bluesman Iida Texas (acima) e Texas com Nakamoto Taiki (abaixo).
Páginas 134-135: Nakamoto Taiki (esquerda) e Fabian Yūsuke (direita).

ser humano enquanto está no trabalho. No Japão não é sempre assim. Você está no trabalho e, para poder trabalhar, não pode se expor. Nos Estados Unidos, você é quem é. Não importa se você é uma pessoa legal ou um bundão, você é o mesmo no trabalho.»

Haveria algo inerente ao blues que poderia facilitar esse tipo de entrega? Seria uma simplificação, mas, se você considerar o desafio da cultura de trabalho japonesa ao lado do desafio de ser um cantor de blues nas primeiras décadas do século XX (afluência *versus* empobrecimento, marginalização), as condições podem parecer em discordância, incompatíveis. Ainda assim, suspeito que a infelicidade em si – seja como for suportada – torna-se um tipo de senha. O blues não é sempre pesaroso, mas costuma ser carente.

Parece possível argumentar que o blues norte-americano oferece uma nova solução para os japoneses, uma ideia que talvez eles não tivessem encontrado antes, de que não tivessem se dado conta de que poderia funcionar como um bálsamo. Não é apenas um reflexo de enfado ou desespero ou confusão, é uma profunda validação disso. Ele exterioriza o que se passa dentro da pessoa de uma maneira que permite uma catarse.

Mas não é uma panaceia universal. Pronko disse que às vezes o blues é inexplicável demais para que um ouvinte japonês se conecte de fato à música. «É uma experiência não formalizada», ele disse. Coisas assim são raras no Japão. «Você não sabe o que vai acontecer, você nem sempre sabe como a canção vai acabar.» A improvisação como conceito é novidade para os alunos dele. (Eu me abstive de comentar a respeito dos meus, capazes de inventar espontânea e eloquentemente respostas operísticas inteiras sobre livros que não leram.) «Apenas não se traduz. Eu tenho de explicar. Só a ideia de não seguir as notas,

nem sequer olhar as notas, nem sequer ter notas para as quais olhar – eles não conseguem conceber. *O que você quer dizer, ele está só tocando?*»

***

Tinham me dito que um bom local para ouvir blues ao vivo era o clube Blue Heat, no bairro Yotsuya, centro de Tóquio. Quanto desci do táxi, por volta das nove da noite, logo vi o enorme letreiro luminoso: LIVE AND BLACK MUSIC BAR BLUE HEAT. Ao entrar no prédio, havia um adesivo amarelo-canário que dizia REAL BLACK MUSIC!! afixado na caixa de correio.

A julgar pelas indicações que dividiam as prateleiras de discos em Tóquio, «black music» é um gênero em si, que engloba hip-hop, R&B, gospel, soul, funk, blues e jazz. (Esse fenômeno de agrupamento trouxe à mente, no meu caso, a cena em *Isto é Spinal Tap* – a paródia de «rockumentário» dirigida por Rob Reiner em 1984 satirizando o mundo do rock pesado – na qual David e Nigel, ao narrar a combustão espontânea de seu baterista, discutem se o festival em que estavam tocando era um «festival de jazz-blues» ou um «festival de blues-jazz».) Que essas sejam tradições muito distintas nos Estados Unidos parecia de algum modo irrelevante aqui, talvez em parte porque no Japão vivam tão poucos cidadãos negros.

O censo nacional não questiona raça ou etnia, apenas nacionalidade, então continua difícil descobrir números precisos sobre a composição racial do país. (No meu breve período em Tóquio vi apenas uma pessoa negra, o músico Ben Harper, passeando em um parque acompanhado.) Em 2015 um casal nipo-americano – Rachel e Jun Yoshizuki – fez um documentário no YouTube, *Black in Japan*, explorando a experiência por meio de entrevistas com sete afro-americanos e um jamaicano que vivem no país. A impressão dos entrevistados é

Sweet Bitter Blues

amplamente positiva, embora relatem ser fotografados sem permissão e chamados de «Whitney Houston», além de terem o cabelo tocado sem que lhes tenham pedido permissão. A maioria disse que, mesmo assim, sente-se mais segura no Japão do que nos Estados Unidos.

Joe Wood, perambulando pelas ruas próximas à estação Shinjuku, encontrou um olhar menos acolhedor em Tóquio. «Senti como que uma fascinação desagradável nos olhos das pessoas ao meu redor», ele escreve em «The Yellow Negro». «Como é bizarro haver uma hostilidade assim em relação aos negros em um país em que quase não há negros.» Wood temia encontrar Sambo, o polêmico personagem do livro infantil *The Story of Little Black Sambo*, escrito e ilustrado pela autora escocesa Helen Bannerman em 1899, que apresenta um menino de pele negra com traços muito exagerados – até há pouco tempo, a iconografia de Sambo permaneceu estranhamente popular no Japão. Em 1932, Langston Hughes disse que o livro era «sem dúvida divertido para uma criança branca, mas é como uma palavra cruel para alguém que já foi ferido demais para apreciar a dor extra de ser alvo de risadas».

O problema em tentar fazer uma análise séria do fã-clube de blues do Japão é que mesmo as teorias mais abrangentes exigem que se condensem culturas inteiras, para não mencionar gostos individuais, em montantes representativos. Ocasionalmente, esses montantes parecem projeções perigosas.

KAROSHI

Centenas de pessoas no Japão morrem todos os anos pelo excesso de trabalho (*karōshi*), em geral por derrames ou ataques cardíacos provocados por esforço, estresse e inanição, ou por suicídio (*karōjisatsu*). Essas mortes são apenas a ponta do iceberg, não levam em conta aquelas causadas por problemas no trabalho. O primeiro caso de *karōshi* foi registrado em 1969, e o Ministério do Trabalho publica estatísticas desde 1987. (O Japão é um dos únicos países, junto com a China e a Coreia do Sul, além de poucos outros, onde o fenômeno é difundido o bastante para que haja necessidade de manter a contagem. No entanto, também ocorreram casos na Europa, sendo o mais famoso deles o de Moritz Erhardt, um estagiário do Bank of America Merrill Lynch em Londres, morto em 2013 depois de trabalhar 72 horas seguidas.) Apenas em anos recentes o governo começou a tomar medidas, devido a casos famosos, como a morte do jornalista televisivo Sado Miwa de ataque cardíaco, aos 31 anos, e o suicídio de Takahashi Matsuri, aos 24, que trabalhava para a gigante da publicidade Dentsu (uma empresa cujo manual rezava: «Uma vez que você começou, não desista – mesmo que isso o mate»). No entanto, essas medidas são com frequência meramente simbólicas, como a Sexta-Feira Premium, quando as empresas são incentivadas a encerrar o expediente às três horas da tarde na última sexta-feira do mês; elas não abordam o que os especialistas encaram como o problema fundamental: a cultura da hora extra construída ao redor dos valores de lealdade (à empresa) e honra, que também é vista como um obstáculo ao acesso de mulheres ao mercado de trabalho.

A banda de rock'n'roll e blues Minnesota Voodoo Men ensaia no apartamento de um cômodo revestido com isolamento acústico do guitarrista e cantor Fabian Yūsuke (centro): Pete, o baterista (esquerda), e Ringo, baixista e vocalista (direita).

Em seu ensaio *The White Negro: Superficial Reflections on the Hipster*, Norman Mailer argumenta que escritores beatniks eram atraídos e fascinados pelo jazz e pelo blues porque os cantores «davam voz ao caráter e à qualidade da existência [do músico], à sua raiva e às infinitas variações de contentamento, luxúria, langor, resmungos, contrações, fisgadas, gritos e desesperos de seu orgasmo». Por meio disso, eles conseguiam alcançar um tipo de liberdade por procuração, uma rejeição do que entendiam que fosse a branquitude: um estilo de vida suburbano e formal, no qual as emoções eram reprimidas ou apresentadas de modo polido, em vez de soltas e celebradas. Essa, obviamente, é uma fantasia absurda e perturbadora, que se baseia, entre outras coisas, no pressuposto de que os americanos negros são livres de inibições, desapegados, hipersexualizados, primitivos e inerentemente melhores em expressar com o corpo suas angústias ou êxtases.

A ideia de se interessar por alguma coisa em virtude de seu exotismo gerou problemas ao longo da história. (Os próprios japoneses foram submetidos a isso por séculos; a norte-americana ativista de justiça social Andrea Smith certa vez afirmou que o orientalismo era um dos «três pilares da supremacia branca».) Mas, visto que a cultura japonesa é tão insular, e que há tão poucas outras raças estabelecidas aqui, parece provável que os fãs japoneses de música possam ter enxergado como mais uma curiosidade os músicos de

Fabian Yūsuke, da Minnesota Voodoo Men.

blues americanos – cuja maioria era indigente e cuja quase totalidade era negra.

Ainda assim, até onde pude avaliar – dada a barreira linguística, muitas das minhas conversas com fãs japoneses de blues de fato eram interações mímicas, o que não consiste exatamente no modo mais sofisticado de comunicar ideias multiformes sobre o que quer que seja, muito menos sobre a diáspora do blues –, os japoneses se interessam por blues e por jazz menos por sua excentricidade e mais por sua complexidade. Para um anglófono não nativo, compreender o blues, com suas expressões idiomáticas e idiossincrasias sem fim, é trabalhoso. Exige aplicação.

«Os japoneses veem o blues como uma forma bastante difícil de dominar», disse Pronko. «É difícil tocá-lo bem, e cantá-lo é ainda mais desafiador. Acho que o respeitam pela complexidade. O aspecto racial é quase secundário.»

O blues, então, se torna um desafio intelectual. «Muitas bandas aqui são chamadas de ‹bandas cópias› – elas tocam Allman Brothers ou Stevie Ray Vaughan ou The Meters. São grupos cujo trabalho consiste em captar o som de sua banda preferida. De um ponto de vista norte-americano, parece falso – ‹cópia› soa mal nos Estados Unidos. Mas aqui não pega mal», ele continuou. «Tocar bem uma música de Stevie Ray Vaughan – ora, não é fácil! Tocar bem imitando alguém não tem nada de vergonhoso. Não tem nada de mais *ser como* alguém.» Isso ajuda a explicar, em parte, por que o karaokê – uma criação japonesa – continua tão popular no Japão. Nos Estados Unidos, há sem dúvida bandas covers (e salas de karaokê), mas aquela motivação americana para a inovação verdadeira e sísmica – aquele espírito de descoberta, aquela sede profunda de posse, o desejo de se aventurar onde ninguém foi antes e reivindicar um terreno em seu nome – é fundamental.

No Blue Heat, tanto a plateia quanto a banda eram só de japoneses. O público era mais jovem do que eu esperava: casais que pareciam estar no fim da casa dos vinte ou no início da dos trinta, apertados ao redor de mesas longas, sorrindo, fumando, brindando com cerveja. Os homens usavam gravatas finas e as mulheres estavam com vestidos e botas elegantes. A banda, de quatro integrantes – dois violões, um baixo elétrico e bateria –, se chamava Sweet Bitter Blues, o que eu só sabia por causa da placa metade em inglês que vi ao lado da entrada (ela também identificava o nome do violonista e cantor como Blues'n Curtain, embora nenhum outro músico fosse mencionado em inglês). O interior era pintado em preto opaco, e pôsteres desbotados pregados nas paredes homenageavam eventos de blues do passado: Otis Rush em 1966; a James Cotton Band. Havia muitas prateleiras de discos de vinil.

Sentei no bar. Depois de um pequeno gracejo em japonês e risadinhas do público, a banda se lançou em «Hallelujah I Love Her So», de Ray Charles, um hino gospel que Ray Charles adaptou e lançou em 1956 (e mais tarde foi interpretado por Jerry Lee Lewis, Harry Belafonte, Frank Sinatra e, com mais sucesso, pelos Beatles). A apresentação consistiu sobretudo de covers. Ouvir «Play Something Sweet (Brickyard Blues)», de Allen Toussaint, um hit para o Three Dog Night em 1974, cantada com entusiasmo e forte sotaque japonês enquanto o público acompanhava com palmas é, agora tenho certeza, uma experiência musical singular. Blues'n

Curtain estava usando uma camiseta vintage do Louisville Cardinals e uma boina de artista de rua. Sua performance foi sensacional.

Depois do show, fui tomar uma saideira no bairro de Golden Gai, um trecho da vizinhança de Shinjuku conhecido pela aglomeração de bares minúsculos – seis vielas estreitas, algumas das quais mal permitem a passagem de alguém, com mais de duzentas tavernas em ruínas, a maioria com menos de uma dúzia de assentos. Acabei entrando num local chamado Slow Hand, em parte porque o letreiro dizia EVERY DAY I HAVE THE BLUES.

«Ah, cara», murmurei, para ninguém em particular.

Ali dentro, observei a decoração: pôsteres dos Blues Brothers, de Eric Clapton, da Butterfield Blues Band, de Frank Zappa. Um retrato gigante de Robert Johnson, com as beiradas meio que enroladas. Eu era a única cliente. Pedi uísque japonês, que era servido em um copo pesado de cristal. O barman – e único empregado – dispôs um cinzeiro decorado com símbolos da paz e as palavras HAIGHT-ASHBURY e começou a preparar uma salada de polvo com missô para mim, embora eu não tivesse pedido nada para comer. Tentamos conversar, mas na maior parte do tempo fizemos mímicas, rimos. Ele me contou uma história confusa mas animada sobre quando John Mayer e Katy Perry foram lá e pediram um monte de drinques. O remate era sempre «Suntory!» ou «Katy Perry!». Eu cutuquei inexperiente um pedaço de polvo com os pauzinhos. Ele botou um DVD do *Blues Masters*, um documentário da CBC sobre uma sessão de gravação de três dias, em Toronto, em 1966, que contou com Muddy Waters, Willie Dixon e James Cotton. Disse que seu pianista favorito era Sunnyland Slim, que tinha nascido no delta mas se mudado para Chicago em 1942, parte da Grande Migração de trabalhadores negros do Sul para o Norte industrializado.

Por fim, sacou um ukulele de baixo do balcão e tocou para mim uma versão comovente e imperfeita de «What a Wonderful World». Tentei fingir que um pouco de poeira havia entrado nos meus olhos.

***

Marquei de encontrar Samm Bennett no fim da tarde na entrada da estação Shibuya. Nós nos sentamos no único bar aberto nas redondezas, um pub em estilo britânico, e pedimos Bloody Marys. Tocava «All You Wanted», de Michelle Branch. Bennett nasceu no Alabama e cresceu ao som de Allman Brothers, dos Beatles. «Vivia num subúrbio de classe média. Não é como se houvesse *bluesmen* nas esquinas», ele disse, rindo.

Em 1995 ele se mudou de Nova York para Tóquio, para se dedicar com exclusividade à música – jazz, blues e suas próprias reformulações de ambos. «Eu vim pela primeira vez em 1986, para fazer shows. Havia uma conexão entre a cena do centro de Nova York e certos músicos japoneses, e fui convidado para algumas apresentações. Depois disso, eu vinha para o Japão em média uma vez por ano, quase sempre com um saxofonista chamado Kazutoki Umezu. Estávamos fazendo improvisação livre – não uma coisa extremamente austera, fazíamos muitos grooves. O termo ‹banda de jam› não existia naquela época, mas éramos uma espécie de banda de jam.»

Era compreensível que Bennett relutasse em fazer generalizações sobre os motivos da popularidade do blues no Japão, mas ele de fato reconheceu um abismo. «Acho que muita coisa se perde na tradução. Gostar de verdade de uma coisa não é equivalente a *entender* de verdade essa coisa», ele disse. «As pessoas de fato amam o blues aqui. Isso não significa que elas entendam todas suas inflexões. Quando os próprios japoneses tocam blues – e eu hesito em dizer isso –, parece que tem como que um enxerto. Não é uma coisa completamente...» Ele faz uma pausa. «A palavra ‹natural› é mesmo carregada – todo mundo tem de aprender. Mas os músicos bons de fato dominam certos estilos em nível instrumental. Vocalmente, é outra história. O blues, em particular, exige um tipo de personalidade. Até os melhores cantores de jazz não são tão bons quando cantam blues. Acho que é uma questão de sentir.»

Depois que Bennett foi embora para se preparar para o *Drunk Poets See God*, o show mensal de música e poesia em inglês de que é anfitrião, tomei um trem para Nakano, uma cidade a oeste de Tóquio. Tinham me dito que lá havia um clube de blues chamado Bright Brown, uma espécie de epicentro da cena. Perambulei pela vizinhança por um tempo, comendo sushi de esteira, dando um pulo em um *izakaya*. Tentei a sorte em um daqueles fliperamas apocalipticamente iluminados e que apitam, cheios de máquinas com garras, tentando pescar (nesta ordem): um gato de pelúcia gigante, uma banana de pelúcia gigante, uma rosquinha de pelúcia pequena e alguma coisa que parecia um hamster superalimentado. Saí de mãos vazias.

Quando por fim encontrei o Bright Brown – o que envolveu passar por ele e não me dar conta umas 35 vezes –, um guitarrista de blues do estilo de Chicago chamado Hurricane Yukawa tinha acabado de subir no palco. Tentei ficar discreta no fundo, mas logo um barman surgiu e me indicou gentilmente um lugar vago numa mesa cheia de jovens japoneses, que logo me ofereceram pratos de salada de tomate e queijo com biscoitos que estavam dividindo. Havia fotografias emolduradas de *bluesmen* americanos nas paredes, um pequeno globo de discoteca pendia do teto; a sala estava quente e lotada, iluminada por fileiras de luzes brancas de Natal. Pedi uísque. Yukawa tocava com uma pianista, uma japonesa que não aparentava ter muito mais de trinta anos, de camiseta

KARAOKÊ: UM PASSATEMPO PERSISTENTE

O fenômeno de se reunir para cantar talvez tenha existido desde sempre. Em 1971, porém, o músico japonês Daisuke Inoue inventou a máquina de karaokê (de «vazio», *kara*, e «orquestra», *ōkesutora*), e foi uma febre em restaurantes e quartos de hotel. Inoue, que não patenteou sua invenção, venceu o satírico Prêmio IgNobel da Paz em 2004 por «oferecer às pessoas um jeito novo de aprender a se tolerar mutuamente». Nos países asiáticos, ele em geral acontece em salas alugadas por hora, onde você pode pedir comida e bebidas pelo computador (o fenômeno do *wankara*, ou cabine individual, também está se tornando cada vez mais comum). Os japoneses fazem uma distinção clara entre o karaokê do sábado com os amigos e aquele depois do trabalho com colegas e clientes, no qual a etiqueta exige que você não cante a *ohako* (música favorita) de seu chefe, que evite canções tristes, obscenas ou obscuras, e que tenha ensaiado pelo menos três duetos para o caso de um pedido de seu chefe. O karaokê alcançou seu auge em meados dos anos 1990, quando metade da população do país alegava ter participado de pelo menos um. Inovações como apps e táxis com karaokê afastaram os clientes de lugares tradicionais, atingidos por escândalos ligados à prostituição, assim como pela redução de tempo livre e diminuição do poder aquisitivo dos jovens.

branca e calça jeans preta. Suas mãos pareciam mover-se completamente independentes do resto do corpo – esse é o caso de todos os melhores pianistas de blues –, os dedos levitavam por sobre as teclas e então as atingiam de repente e ferozes como uma cobra serpenteando pelo mato alto.

Yukawa estava tocando uma Fender Telecaster e repassando com habilidade o cancioneiro pós-guerra do blues de Chicago – «Pitch a Boogie Woogie If It Takes Me All Night Long», o acervo de Howlin' Wolf. Seu cabelo estava penteado para trás e ele usava uma camisa quase toda desabotoada. Entre uma música e outra, fazia graça com a audiência. O clima era jovial, relaxado. Num intervalo da apresentação, tive o que me pareceu uma conversa bastante sofisticada sobre a revista *Rolling Stone* com um homem que usava gravata frouxa, embora as únicas palavras que nós dois de fato pronunciamos tenham sido «Rolling» e «Stone». A certa altura, um dos jovens com quem eu dividia a mesa, que tinha me visto rabiscar num caderninho, apontou para mim e gritou: «Escritora americana!».

Todo mundo caiu na gargalhada.

Assunto de família

Na esteira do sucesso *Assunto de família*, de Kore-eda Hirokazu, vencedor da Palma de Ouro em Cannes em 2018, uma investigação sobre o modo como as famílias são retratadas no cinema japonês. De jovens lutando para se livrar dos pais nas obras- -primas do pós-guerra de Yasujirō Ozu à indiferença da sociedade contemporânea e às famílias alternativas, uma descontrução do mito da «típica» família japonesa.

GIORGIO AMITRANO

A família Kodaka em seu apartamento em Tóquio; à esquerda, Masumi com seu filho Kazusa; à direita, o marido, Kazuki.

Há um tema recorrente que aparece com mais frequência do que qualquer outro nos filmes japoneses contemporâneos, independentemente do gênero: a família. Em comédias e animes, histórias da *yakuza* ou thrillers, os insidiosos tentáculos das relações de sangue agarram as pessoas. Até nos dramas de época *jidaigeki* e nos filmes de terror, intrigas de amor, lealdade e rancores gerados pelas famílias são fontes inesgotáveis de inspiração.

Nesse oceano de produções cinematográficas que remontam à era do cinema mudo, uma obra em particular se destaca com luz própria: *Era uma vez em Tóquio*, de Yasujirō Ozu (*Tōkyō monogatari*, 1953). Considerado um dos maiores filmes da história do cinema, é também uma das representações sobre a família mais comoventes, autênticas e universais jamais produzidas em qualquer parte do mundo – o que é ainda mais notável, dado que os filmes de Ozu ficaram bem conhecidos fora do Japão muito mais tarde do que os de alguns de seus contemporâneos, como Akira Kurosawa e Kenji Mizoguchi, porque os próprios produtores do diretor consideravam seu trabalho «japonês demais» e, portanto, inacessível ao resto do mundo. Essa visão restritiva certamente não era compartilhada pelo próprio Ozu, que, como muitos diretores de sua geração, era um conhecedor de cinema não japonês e dele se apropriara. Talvez os produtores nem sequer estivessem cientes de que *Era uma vez em Tóquio* havia sido inspirado em um filme norte-americano de 1937,

A cruz dos anos (*Make way for tomorrow*), de Leo McCarey. Ozu e seu fiel companheiro de cinema e copo, o roteirista Kōgo Noda, tiraram sua inspiração de um dos principais temas do filme: a intolerância dos jovens em relação aos pais provincianos que estão envelhecendo. Em *Era uma vez em Tóquio*, um casal de velhos visita os filhos, que havia tempos já tinham ido morar em Tóquio. Os filhos os recebem com frieza, tratando-os como um fardo de que querem se livrar o mais rápido possível. Apenas a nora, uma viúva cujo marido morreu durante a guerra, está genuinamente satisfeita em vê-los e lhes oferece uma acolhida calorosa. Depois que os pais voltam para casa, a mãe morre e a família toda se reúne para o funeral, mas nem mesmo esse luto é suficiente para superar a indiferença dos filhos, ansiosos para voltar para a cidade e assumir seus postos no implacável maquinário da vida urbana.

Como muitas obras-primas, *Era uma vez em Tóquio* evoca à perfeição as realidades de sua época. Poético pela elegância com que descreve o comportamento, mas preciso em sua observação sociológica, o filme nos transporta para o clima do início dos anos 1950, quando o país, ainda absorto na reconstrução, preparava os alicerces para seu futuro crescimento econômico. A leveza e a moderação de Ozu sugerem a ideia de uma sociedade essencialmente harmoniosa, na qual os conflitos tendem a ser resolvidos ou, pelo menos, postos à parte sem traumas, pequenas marolas no correr tranquilo da existência. Todavia, na aparente

---

GIORGIO AMITRANO é professor de língua e literatura japonesa na Universidade de Nápoles L'Orientale. Ex-diretor do Instituto Cultural Italiano em Tóquio, é tradutor de algumas das vozes mais importantes da literatura japonesa contemporânea, de Murakami a Banana Yoshimoto e Yasunari Kawabata. Seu livro mais recente, *Iro Iro* (De Agostini, 2018), presta homenagem ao país onde já viveu e ao qual dedicou sua vida.

serenidade de suas famílias nucleares, Ozu insinua que o interesse pessoal se sobrepõe à solidariedade e que é difícil separar o amor de chantagem emocional. O subtexto de muitos de seus filmes é que o pertencimento ao microcosmo familiar inevitavelmente envolve abrir mão de uma parte de si mesmo. Há, então, um elemento de desencanto amargo que torna sua obra mais problemática do que em geral se reconhece.

Muitas décadas depois de Ozu, outro cineasta que vem produzindo representações magistrais de famílias é o diretor contemporâneo Hirokazu Kore-eda. Muito estimado no Ocidente – ganhou diversos prêmios em festivais internacionais, incluindo a Palma de Ouro de 2018, em Cannes, por *Assunto de família* (*Manbiki kazoku*, 2018) –, Kore-eda é amplamente encarado como o herdeiro de Ozu, comparação que não parece agradar a ele. No entanto, seu foco em temas familiares, a sabedoria com a qual dirige os atores, a habilidade em usar as paisagens urbanas como contraponto aos casos humanos e, sobretudo, a sensibilidade aguçada em relação aos funcionamentos internos das famílias ocultos no tecido da vida cotidiana apontam para uma afinidade inegável com o antigo mestre. Mas as similaridades acabam por aí. Por exemplo, apesar dos tons pastel de alguns de seus retratos de família, Kore-eda não hesita em abordar histórias de alta voltagem dramática, como fez em *Ninguém pode saber* (*Dare mo shiranai*, 2004) e em *Assunto de família*. Os dois filmes são baseados em fatos reais, episódios extremos que não refletem a realidade da típica família japonesa mas expressam as inquietações e os desequilíbrios que são mais comuns do que imaginamos. *Ninguém pode saber*, como o título sugere, é uma crítica a uma sociedade indiferente e impassível ante o sofrimento, uma sociedade que nem faz questão de saber de qualquer coisa que não lhe diga respeito diretamente. Uma mãe solteira com quatro filhos de pais diferentes aluga um apartamento num grande conjunto habitacional. Ela não conta aos proprietários sobre os três filhos mais novos, com medo de ser despejada. As crianças são obrigadas a se esconder, proibidas de sair. Acostumadas a essa vida clandestina desde o nascimento, elas a julgam natural e não a questionam nem se rebelam. De qualquer modo, seriam incapazes de interagir com outras pessoas, já que nunca foram à escola nem conviveram com outras crianças. No meio-tempo, a mãe vai viver em outro lugar e de vez em quando volta com dinheiro para os filhos. Um dia as visitas cessam e as crianças ficam ao deus-dará. O mais velho, um garoto de cerca de doze anos, assume o comando, mas, apesar de seu senso de responsabilidade, não consegue evitar que ele e os irmãos caiam num estado de abandono. Famintos e cansados, sem água nem eletricidade, cortada porque as contas não estavam sendo pagas, as crianças violam a regra e saem de casa. Começam a perambular pela vizinhança, mas mesmo então permanecem invisíveis para uma sociedade que continua a ignorá-las, até que a morte acidental de uma delas transforma o drama em tragédia.

Ninguém pode saber é um reflexo penoso e subestimado do nível de alienação da sociedade japonesa durante os anos do boom

Um retrato de estúdio vintage de Masumi e Kazuki, com roupa de casamento.

econômico. Os fatos nos quais o filme se baseia por alto ocorreram em 1988, um momento decisivo da *baburu*, a bolha econômica, que, depois de criar uma imensa riqueza, estourou em 1992, arrastando o Japão para uma crise econômica sem precedentes. A mãe em *Ninguém pode saber* está no polo oposto de muitos outros grandes personagens do cinema japonês, sobretudo aqueles de obras mais antigas, cujo senso de dever em relação à família beira o autossacrifício. Essa comparação com as figuras nobres do passado pode levar à conclusão precipitada de que ao longo dos últimos cinquenta anos a sociedade japonesa perdeu toda a humanidade e que a instituição da família caiu em irremediável decadência. Mas entre os dois polos – a noção autopunitiva de dever do passado e uma forma de egoísmo patológico do presente – há uma ampla gama de outras vozes: histórias de família em que o senso de responsabilidade não é um imperativo divino mas uma conquista alcançada a duras penas, e é possível contornar a beira do precipício sem necessariamente cair nele com resultados desastrosos.

O som da montanha (*Yama no oto*, 1954) é um exemplo dessa abordagem mais problemática e cheia de nuances. Obra do diretor Mikio Naruse – menos conhecido que o triunvirato de Kurosawa, Ozu e Mizoguchi, mas de estatura comparável –, é uma adaptação do livro homônimo de Yasunari Kawabata, cujos personagens e atmosfera são recriados com grande habilidade. O resultado é ainda mais extraordinário, dado que o romance é um tipo de monólogo interior em terceira pessoa, no qual os fatos misturam-se às percepções do protagonista Shingo, um homem de sessenta anos. Kawabata havia muito era considerado um esteta, enclausurado em um mundo elegante e rarefeito, mas *O som da montanha* põe à mostra seu profundo entendimento dos mecanismos sociais de sua época e o modo como eles interagem com as dinâmicas familiares. O país que o filme retrata é mais ou menos o Japão que vemos em *Era uma vez em Tóquio*: uma nação abalada pela guerra, mas a caminho do renascimento econômico. Aqui também seguimos um casal que envelhece: Shingo e Yasuko. O filho primogênito, Shūichi, casado com Kikuko, mora com eles. A caçula, Fusako, fugiu do marido e vai se refugiar com os pais, levando as filhas. O relacionamento de Shingo e sua mulher é mantido por laços de costume e respeito duradouros, mas ele nunca sentiu admiração ou desejo por ela. O casamento de Shūichi está em crise: suas experiências durante a guerra o tornaram cínico e frio, e ele tem uma amante, o que significa que dedica pouco tempo e atenção a Kikuko. Fusako está com ciúme da cunhada e hostil em relação aos pais, que segundo ela não lhe oferecem amor ou proteção suficientes. No meio dessa teia de relações familiares difíceis e às vezes hostis, Shingo e Kikuko desenvolvem uma amizade afetuosa que se aproxima do amor, sem nunca ultrapassar esse limite. Entre sogro e nora há uma empatia silenciosa, uma cumplicidade que jamais arrisca um passo mais perigoso. Apenas a interpretação silenciosa dos movimentos um do outro e o desejo de observar o que o outro observou – uma muda de gingko brotando, a beleza desafiadora de um girassol –, de modo que pensamentos, e não os corpos, se toquem e se entrelacem.

O filme cria um equilíbrio delicado entre as representações sutis dos estados de espírito dos personagens, que o diretor expressa por meio de enquadramentos discretos e sugestivos, e representações lucidamente realistas da época, de modo que nos faz entender, assim como o romance, a enorme transformação pela qual o Japão estava passando no fim dos anos 1940 e início dos anos 1950. Durante a ocupação aliada fora aprovada uma lei que estabelecia o par marido e mulher como a unidade fundamental da família, abolindo o tradicional papel da relação pai/mãe-filho como o principal eixo da vida doméstica. Essa transição da família patriarcal para a família nuclear se reflete no filme quando Shingo anuncia à nora que ela e o marido devem se mudar. É um momento intenso: para Shingo e Kikuko, é o fim do compartilhamento de pensamentos e observações que satisfazia a ambos, mas, apesar de não saberem, essa separação também representa uma adaptação à mudança dos tempos.

Tão memorável quanto, embora de época e estilo diferentes, é *Jogos familiares* (*Kazoku gēmu*, 1983), de Yoshimitsu Morita. O diretor retrata uma típica família de classe média, os Numata, num momento em que o Japão era um dos países mais ricos e produtivos do mundo, palco de consumismo e competição. O pai é um assalariado, um funcionário corporativo de colarinho-branco (veja página 174), e a mãe, uma dona de casa. Eles têm dois filhos, um no ensino fundamental e outro no ensino médio. O caçula, Shigeyuki, não está indo bem na escola, e, uma vez que o temido exame para entrar no ensino médio se aproxima, os pais contratam um professor particular para ajudá-lo nos estudos. A chegada do professor introduz elementos subversivos à rotina pacífica dessa «família comum». As carícias e elogios que ele oferece ao menino – em certo ponto até o beija – a princípio parecem esboçar um *sekuhara* (abuso sexual), mas é uma tática de sedução que também se estende a outros membros da família, inclusive ao pai, com o objetivo de ser acolhido sem reservas na família. Conquistada a confiança de Shigeyuki, o rapaz passa a afirmar seu poder batendo nele. O menino fica em choque, mas o comportamento do outro, por toda a sua violência, exerce sobre ele uma autoridade que seu pai jamais cogitou exercer. O professor não para de bater no menino; ele o ensina a brigar e a se defender, ajudando-o a se rebelar contra o bullying que sofre na escola. O filme enreda constantemente o espectador, que não chega a entender por completo o que está acontecendo.

O pai de Keiko e ex-marido de Kotoko em fotografia do álbum da família Tsuchiya.

No começo, a entrada em cena do professor lembra o hóspede misterioso e sedutor que visita a família burguesa em *Teorema*, de Pier Paolo Pasolini; à medida que o filme avança, seu papel ambíguo faz lembrar *O criado*, de Joseph Losey. Quando ele ensina o menino a se defender, de repente nos vemos próximos de *Marujo intrépido*, de Victor Fleming. A maior surpresa vem na cena final, quando a família se reúne para um jantar celebrando o sucesso de Shigeyuki na prova. O professor começa a espalhar comida pela mesa, joga macarrão para todo lado, derrama vinho e agride fisicamente os comensais. Essa cena surreal e transgressora nos leva a uma direção completamente nova, a alguma parte entre Buñuel e o Dušan Makavejev de *Sweet Movie – um filme doce*. O espectador para de buscar analogias e, uma vez superado o desconcerto, entra na dimensão criada por Morita. A família Numata é uma metáfora do Japão, um país atrás de um sucesso ilusório, que perdeu o contato não apenas com os supostos valores identitários ligados ao

A família Tsushiya em sua casa em Shiroi, província de Chiba; à esquerda, Keiko, mulher de Osami (direita) e filha de Kotoko (centro, segurando Alice, a cadela-robô).

As irmãs Kobayashi com a mãe na casa da família em Hiratsuka, província de Kanagawa, onde moram desde que a mãe adoeceu. Mana está à esquerda; Kinuko, ao centro; Chinatsu, à direita.

Assunto de família

Masumi e gato no apartamento onde mora com o marido e o filho, em Tóquio.

seu passado tradicional, mas também com a realidade. Os Numata ficaram ricos e foram morar em um prédio enorme, um não lugar fantasmagórico construído em uma ilha artificial na baía de Tóquio. Estão completamente concentrados em objetivos como o ingresso dos filhos em escolas exclusivas, o primeiro passo rumo a vagas em universidades de prestígio, que, em troca, garantem carreiras brilhantes. Os relacionamentos no âmbito familiar são vazios, impessoais e «roteirizados». Com seu comportamento agressivo, o professor introduz uma boa dose de realidade, que a família escolhe aceitar apenas por seu propósito «útil» (de melhorar os resultados acadêmicos do filho), e não quando a mediocridade de suas vidas é questionada. É uma comédia sombria, tanto cômica quanto provocativa.

Chega de famílias «normais». E quanto a famílias alternativas? Há muitas representações delas que podem surpreender quem está familiarizado apenas com a imagem do Japão como uma sociedade baseada em regras que defendem o respeito às gerações mais velhas.

Em *Assunto de família*, Kore-eda retrata uma família que está longe de ser comum – é problemática mas rica em humanidade, numa sociedade que funciona de modo eficiente mas carece de sensibilidade. É um microcosmo disfuncional cujos membros tomam conta uns dos outros e demonstram carinho com abraços e atenção. À medida que o filme avança, descobrimos que essa não é de fato uma família no sentido mais estrito da palavra – não é o sangue que liga seus membros, mas as circunstâncias. As duas crianças foram «sequestradas», e as aspas mostram minha hesitação em usar um termo que não faz justiça ao desejo dos novos pais de salvar as crianças de vidas de abandono e, pelo menos em um caso, abuso. A essas crianças «adquiridas» se ensina o furto, e elas se tornam habilidosas em distrair funcionários de lojas enquanto roubam comida e objetos. A percepção comum do Japão como um país onde pequenos delitos são quase inexistentes é invertida, e aqui o roubo é praticado com desenvoltura e até mesmo ensinado às crianças. Mas o espectador é obrigado a questionar algo muito mais profundo: a ideia de que certo nível de desumanidade é um preço aceitável para viver numa sociedade segura e eficiente. Kore-eda lança dúvida sobre valores que pareciam dados como garantidos.

Outro filme que apresenta famílias alternativas é *Hush!* (*Hasshu!*, 2001), de Ryōsuke Hashiguchi, que conta a história de Asako, uma jovem que quer se tornar mãe e tenta envolver um casal de gays em seu projeto. Quando as famílias dos rapazes descobrem a homossexualidade dos filhos e a intenção de Asako, elas intervêm e, num encontro tenso e desconfortável, condenam o comportamento da jovem, que se defende dizendo «Eu só queria escolher minha própria família». A mãe de um dos rapazes responde: «Família não se escolhe!». Essa interação encerra a colisão entre visões irreconciliáveis. Trata-se de um assunto que o Japão está apenas começando a confrontar, e esse filme está à frente de seu tempo por se concentrar nele. A sociedade japonesa é libertária quando se trata de comportamento sexual, mas rígida ao se opor a mudanças que ameacem sua estrutura tradicional.

Fotografia do álbum da família Kobayashi.

O cinema tem uma visão mais ampla, no entanto, e filmes em que a representação da família é a de um organismo inquieto e em contínua transformação são muito mais numerosos do que aqueles que mostram uma imagem respeitosa e suavizada de estruturas sociais aceitáveis. Até em filmes de gênero há exemplos de famílias que não correspondem exatamente aos cânones da tradição. Entre os grandes sucessos de filmes *chanbara*, ou de samurai (um filão popular dentro do gênero *jidaigeki*), está o ciclo *Lobo solitário e filhote* (*Kozure ōkami*) – uma série de seis filmes produzidos entre 1972 e 1974 –, a história de um samurai que luta contra um clã enfurecido que o quer ver morto. O protagonista, Ittō Ogami, vê-se sozinho com seu bebê pequeno depois que sua mulher morre no início do primeiro filme. Ele trabalhava como verdugo para o xogum, mas é forçado a fugir depois que o clã Yagyū planeja matá-lo, e leva consigo o bebê, Daigorō. Espadachim incomparável, Ogami derrota inúmeros inimigos ao longo dos seis filmes, sempre com o filho ao lado, num carrinho de madeira. O amor paterno é representado de maneira comovente. No início do primeiro filme, Ogami está preparado para matar o filho se, entre uma bola colorida ou uma espada, o menino escolher a bola. Ele opta pela espada, e, a partir daí, o pai o protege com unhas e dentes dos perigos que os espreitam. E são muitos: o caminho da dupla é revestido de membros cortados, corpos desmembrados, mulheres estupradas e assassinadas, jorros de sangue copiosos e intermináveis o bastante para deixar Quentin Tarantino em êxtase. (Tarantino é obviamente fã da série, e *Kill Bill* é em parte inspirado nela.) Durante um ataque, o jovem Daigorō se vale de um mecanismo escondido dentro de seu carrinho para soltar uma lança que perfura o coração do inimigo. O companheirismo entre esse guerreiro indomável e seu bebê talvez não seja o exemplo mais típico de família tradicional, mas o sucesso da série, baseada em um mangá extremamente popular de Kazuo Koike e Gōseki Kojima, mostra que os laços familiares podem surgir e crescer nos ambientes mais inóspitos e são capazes de provocar lágrimas e emoções sinceras. O duo Ittō e Daigorō demonstra uma solidariedade mútua e um propósito compartilhado raramente vistos em uma família «de verdade».

É de perguntar se a família, tal como o cinema a representa – seja ela anárquica ou canônica, ortodoxa ou alternativa, patriarcal ou nuclear –, não pode ter uma fisionomia mais forte e mais facilmente distinguível do que aquela que encontramos na vida real, uma família que parece presa em uma crise cujas origens hoje estão esquecidas e cujo fim não está à vista. É uma crise de autoridade parental, de adolescentes cada vez mais fechados em si mesmos, índices de natalidade sempre mais baixos, longevidade cada vez maior... Esses são problemas que as famílias preferem não confrontar, escondendo-se atrás de uma fachada de respeitabilidade e aproveitando os benefícios de sua riqueza material. Uma coisa é certa, e espero que esta breve reflexão a tenha ilustrado: o cinema japonês pinta o retrato de uma família e de uma sociedade que são muito menos respeitáveis, muito mais diversas e contraditórias, enfim, muito mais ricas do que as famílias e a sociedade de fato gostariam de admitir.

POPULAÇÃO DO JAPÃO

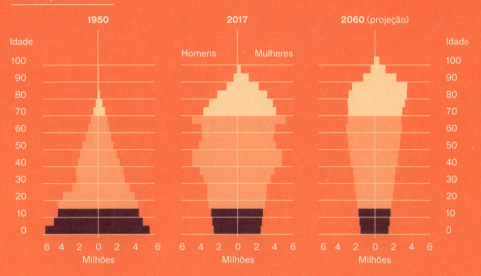

PORCENTAGEM DE CRIANÇAS NASCIDAS FORA DO CASAMENTO

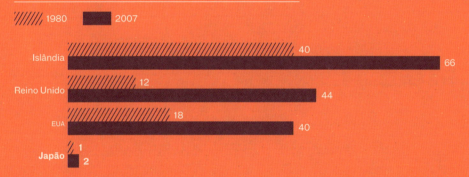

CENTENÁRIOS POR MIL HABITANTES

PORCENTAGEM DA POPULAÇÃO NÃO CASADA AOS 50

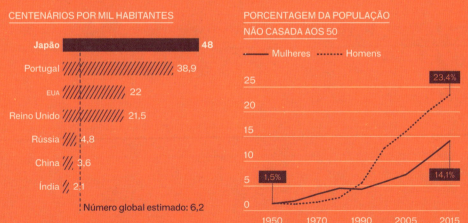

FONTE: WIKIPÉDIA, ESTATÍSTICA POPULACIONAL DO JAPÃO

Assunto de família

Os evaporados

Desaparecer de repente para refazer a vida em outro lugar, livre do passado: uma tradição que remonta ao passado feudal do Japão. Dezenas de milhares de japoneses vivem hoje como fantasmas para fugir das dívidas.

O nome de algumas pessoas e lugares foram alterados

LÉNA MAUGER

Um homem na entrada de uma estação de metrô em Tóquio.

Ele vive discretamente num labirinto de ruas estreitas ao norte de Tóquio, bem além das vias férreas. Um lugar ideal para se esconder ou para onde fugir. Nesta noite não há lua, os poucos pedestres deslizam sob anúncios em neon, o estrepitar dos trens marca o ritmo desse teatro de sombras.

Sua casa fica numa esquina. Impessoal, cubo anônimo de concreto branco. Um letreiro simples na fachada, em caracteres japoneses, informa REMOÇÕES DE TODOS OS TIPOS. É aqui, sem dúvida. Três vans estão estacionadas do lado de fora, alguns homens as descarregam. Um deles, baixote e mais parrudo, dá um passo em direção à luz difusa. «O chefe deve chegar logo.»

Está um gelo e a espera se prolonga. Meia hora depois o mesmo homem volta e me indica uma escada. O escritório do chefe fica no andar de cima. É um verdadeiro caos: montanhas de papel, mapas, computadores velhos, máquinas de escrever, walkie-talkies... Sentado a uma mesa, o chefe está escondido atrás de uma pilha de pastas. Ele se levanta: magro, sério, impassível. E, inclinando-se, me cumprimenta e se apresenta: «Kazufumi Kuni». Aqui está nosso fantasma, que depois de desistir diversas vezes acabou por concordar em nos receber para contar a história de um desaparecimento. O dele mesmo.

Kazufumi Kuni é um dos evaporados. Certo dia, como de costume, ele saiu do escritório no final do expediente, porém não voltou para casa. Nunca mais. Como dezenas de milhares no Japão, onde o fenômeno da «evaporação» data de centenas de anos, ele apenas desapareceu.

TORNAR-SE UM HOMEM SEM PASSADO

Ele vai até uma estante e pega um envelope meio escondido, do qual retira, cerimonioso, algumas folhas amareladas, dispondo-as uma a uma sobre a mesa.

E então me mostra uma carteira de identidade vencida. Ele está jovem na foto, o olhar ambicioso. Sobrenome? Okuniya. Data de nascimento? Dia 16 de abril, do ano Shōwa 18 (1943). No entanto o documento diz respeito a um homem que não existe mais. A pele do rosto hoje é fina como papel, as costas se curvaram e o sobrenome perdeu um ideograma e se tornou Kuni – uma mutilação fonética, uma cicatriz e uma metáfora de sua existência.

«Como você foi embora?»

«Peguei um trem, simples assim. Já fazia quatro anos que tinha começado a trabalhar para uma corretora de valores mobiliários, em Shōwa 45 [1970]. Era fim da tarde, eu era jovem. Não me lembro mais da data exata.»

Seu olhar se perde. Aos 66 anos, Kazufumi se permite viajar de volta ao tempo em que ele acreditava que o mundo estava todo a seu alcance. Formado numa universidade japonesa de prestígio, trabalhava como corretor responsável por transações de alto risco. «Eu era um *topsellerman*», diz. Elegante e com um belo futuro pela frente, acumulava um sucesso após o outro, até o dia em que, depois de um investimento malfadado, um peso morto de 400 milhões de ienes (cerca de 3,7 milhões de dólares) lhe caiu nas costas. Seus clientes ficaram enfurecidos, os chefes lhe atribuíram toda a culpa. «Eu me dei conta de que a corretora ia cair me matando, então

---

LÉNA MAUGER, viajante e jornalista, colabora com as revistas francesas *6Mois* e *Revue XXI*, que publicou este artigo. Escreveu o livro *The Vanished: The «Evaporated People» of Japan* (em inglês, Skyhorse Publishing, 2016), com fotografias de Stéphane Remael, atualmente sendo adaptado para o cinema.

> **«Aqui está nosso fantasma, que depois de desistir diversas vezes acabou por concordar em nos receber para contar a história de um desaparecimento. O dele mesmo.»**

decidi fugir.» Kazufumi escolhe as palavras cuidadosamente, como se estivesse sendo testado. «Um dia saí do expediente e fui me esconder na casa de um antigo colega da universidade.» Seu amigo morava num bairro popular. Os dois homens dividiram um apartamento pequeno durante semanas, viviam como estranhos. Kazufumi se fechou, não falava mais com ninguém. Deu início a seu processo de evaporação.

Nas montanhas de onde sua família é nativa, seu pai liderou a investigação, afixando cartazes de desaparecido e contratando um detetive particular. «Meu pai passou muito tempo me procurando...» Cobradores de dívidas o ameaçavam. Seus chefes acabaram se dando conta de que não podiam «tomar providências legais contra alguém que tinha desaparecido. No que eles baseariam o caso?».

Kazufumi errou pelas ruas, infiltrando-se nas frestas de Tóquio, onde, como em todas as capitais, sempre se encontra alguém disposto a fazer vista grossa e oferecer algum bico. Pedreiro, operário, lavador de pratos, garçom em clube noturno, ele perambulou. «Fiz tudo quanto é serviço subalterno. Ganhava 8 mil ienes por dia (cerca de 75 dólares). O bastante para me alimentar e ter um canto para dormir. Isso também me fortaleceu, física e psicologicamente.» As pessoas que encontrava o conheciam como sr. Kuni, um homem sem passado.

O telefone toca. Kazufumi atende e logo desliga. Não quer perder a concentração: juntar as peças do passado exige esforço. «Eu não estava procurando uma vida nova», ele resume. «Eu fugi, só isso.

Não existe nenhum mérito. Você não fica rico nem conquista uma posição social relevante. Só interessa continuar vivo.» Depois de alguns anos de errância, ele conseguiu alugar um apartamento anonimamente. Àquela altura já ficara sabendo, pelos jornais, da existência de sociedades de auxílio que ofereciam *benri-ya*, bicos ou trabalhos como faz-tudo, a particulares. Essas pequenas empresas gerenciavam todo tipo de serviço – aguar plantas, passear com cães, executar despejos. Ao detectar uma oportunidade de negócio, aos 38 anos, o antigo menino prodígio fundou a empresa «Remoções de todos os tipos», essa que toca até hoje.

Ele tem um «alvará de removedor» oficial que o autoriza a transportar de tudo. «Começamos recolhendo cachorros atropelados. Apodrecendo, fedendo, os vermes pululando. As pessoas recuavam, não suportavam olhar. Nós também tínhamos nojo, mas alguém tinha de fazer o serviço. Eu não tinha escolha, era o meu sustento. Foi aí que resolvi nunca recuar.»

«SERVIÇOS DE FUGA»

O telefone o interrompe novamente. Kazufumi tem uma conversa apressada. «Ligue amanhã.» Imperturbável, ele continua: «Também lido com resíduos de risco, industriais e eletrônicos. O resto são cadáveres afogados, sucatas nauseantes de humanidade. Mas estamos na categoria mais baixa da sociedade, não podemos nos dar o luxo de ficar cheios de dedos».

Kazufumi também faz outra coisa. Uma coisa secreta. Justo a que me levou a esse

> «Desde seu próprio desaparecimento, Kazufumi ajudou mais de cem homens e mulheres a desaparecer. Ele nunca sai à procura de clientes, eles vão até ele, chegam pelo boca a boca ou atraídos pelo slogan ‹Remoção de todos os tipos›.»

escritório. Sua empresa de «Remoção de todos os tipos» também oferece «serviços de fuga». Em vez de cadáveres, suas vans podem transportar corpos vivos. Fugitivos, pessoas como ele: esse homem evaporado também é um evaporador. Desde seu próprio desaparecimento, Kazufumi ajudou mais de cem homens e mulheres a desaparecer. Ele nunca sai à procura de clientes, eles vão até ele, chegam pelo boca a boca ou atraídos pelo slogan «Remoção de todos os tipos». «Quando telefonam, sempre falam sobre ‹mudança de casa›. Mas então nos pedem para chegar às oito da noite ou à meia-noite, e logo sabemos o que de fato querem.»

Nem todos os postulantes são aceitos. O chefe os sujeita a um exame rigoroso. «Meu pai era policial e me ensinou a não passar dos limites. Não aceito ninguém que pareça suspeito.» Kazufumi rejeita 90% das solicitações, mas, se um acordo é selado, tudo acontece muito rápido. Ao cair da noite sua equipe chega com lençóis e cortinas pretas. As janelas são cobertas, os móveis, rapidamente embrulhados. «Todos os clientes dizem que não têm pertences, mas na hora querem levar tudo, inclusive a máquina de lavar. Somos o mais rápidos e discretos possível.»

Surpresas ocasionais acontecem. «Às vezes faço a mudança de todo um negócio, como uma livraria erótica. Nesses casos é preciso ser ainda mais vigilante. Devem-se usar tênis, e não sapatos de couro. Eu me certifico de que não há microfones escondidos. E, para cobrir nossos rastros, espalho papéis com números falsos.» Às vezes o perigo espreita. Alguns clientes estão armados com facas, tacos de golfe ou *katanas* (espadas) de madeira. «O dia D é muito estressante; eles estão no limite, com medo de que seus credores apareçam do nada.» Podem ocorrer brigas ou perseguições.

Os clientes do evaporador são pessoas solteiras, assalariados-modelo (ver página 174), às vezes até famílias inteiras, cidadãos japoneses médios – homens, mulheres e crianças – fugindo de dívidas a empresas com ligação com a *yakuza*. A cobrança costuma recorrer à violência. Kazufumi, o lavador das sombras, é a última esperança dessa gente. Antes de mais nada, ele aconselha mulheres e crianças a se abrigar num local seguro 24 horas antes. No dia do «desaparecimento» somente os homens o acompanham. À noite as vans levam embora toda a angústia, sem deixar vestígio algum.

Pergunto a Kazufumi se ele pode me pôr em contato com algum evaporado. Ele se nega. «Apaguei todos eles da minha memória.» Seus dedos enrugados fecham delicadamente o envelope grande e amarelado. A entrevista acabou, é hora de ir embora. A porta está entreaberta quando o escuto murmurar: «Dê uma olhada para os lados das fontes termais do monte Fuji...»

Os evaporados

CAFONA, ANTIQUADA, TRANQUILA...

O Shinkansen, um trem aerodinâmico de alta velocidade, corre para o oeste de Tóquio a trezentos quilômetros por hora. À direita vê-se o monte Fuji, o símbolo do Japão; à esquerda, o oceano Pacífico, brilhante e tranquilo. «Dê uma olhada para os lados das fontes termais do monte Fuji...», Kazufumi tinha dito, e era isso que eu estava fazendo. Com suas ruas sinuosas, seu porto industrial, seu píer de concreto e seus hotéis decrépitos, a estância litorânea de Atami é cafona, antiquada e tranquila, e é conhecida por suas *onsen*, ou fontes termais. Os japoneses não se cansam delas.

A tradição de visitar as fontes termais começou no século XVII, no Japão feudal, e continuou até o fim do XIX. Ao longo desse período, a literatura e o teatro associavam as fontes termais vulcânicas ao destino dos evaporados. Inúmeros livros e peças narram as aventuras de fugitivos que vêm descartar seus passados nos vapores sulfurosos das *onsen* antes de «reaparecer» em outra parte. Os mais desesperados se purificam aqui, tirando a própria vida – «desaparecimento total». É dessa metáfora ligada aos vapores das termas que vem a expressão «os evaporados» – *jōhatsu* em japonês.

A área próxima à estação ferroviária está movimentada neste sábado. Mulheres vestidas como gueixas distribuem folhetos sobre as fontes termais. Detrás de balcões, senhoras vendem as especialidades locais: peixe desidratado e bolinhos de feijão-vermelho. Uma delas serve enguias grelhadas. Recostada em seu fogão, fala com prazer sobre as termas do Fuji. «Você deveria visitar as do hotel Taikansō, lá no alto da colina. São as mais antigas de Atami, construídas em 1928. É só subir aquela rua ali e virar à esquerda depois da ponte...»

«E os evaporados, tem algum aqui em Atami?»

MAIS QUE UM BANHO QUENTE

Surgidas no século VI, na esteira da difusão do budismo, as *onsen* eram lugares de purificação com fortes conotações religiosas que, graças à intensa atividade geotérmica do arquipélago, se espalharam pelo país. Ao longo dos séculos, as *onsen* se transformaram junto com a sociedade: além de centros religiosos ou retiros espirituais, passaram a ser vistas como locais de entretenimento (e bordéis) e tratamento de saúde, e assim os estabelecimentos tiveram de se reinventar e acabaram por se tornar destinos turísticos visitados tanto por japoneses quanto por estrangeiros. Alinhadas com a tradição que vê nas *onsen* mais que balneários termais, muitas deixaram o aspecto terapêutico em segundo plano e centraram bala em entretenimento, compras, boa comida, massagens e conforto, fenômeno que se acelerou na última década após uma série de escândalos ligados à higiene e à pureza de suas águas. Outras *onsen* optaram por se concentrar na tradição, enfatizando os liames com a natureza e a comunidade local (festivais, folclore, artesanato), a autenticidade das águas e seus aspectos espirituais, os benefícios cármicos dos banhos. Uma das pioneiras dessa tendência, a *onsen* Kinosaki sustenta que as águas contribuem para o sucesso acadêmico, a proteção de viajantes, a prevenção de incêndios e a sorte na busca de uma alma gêmea.

A avó dá as costas, esfrega as mãos uma na outra sobre o fogão e não abre mais a boca.

Na delegacia, os policiais se fecham em copas. No hotel Taikansō, o gerente manda um funcionário me dispensar e eu o acompanho até alguns andaimes afastados. «Não tem nenhum evaporado por aqui», diz, claramente irritado, perscrutando ao redor. «Costumava haver escassez de operários, então eles contratavam qualquer um, sem perguntar nada. Mas agora as pessoas são investigadas, o passado, a família...» O sujeito dá as costas e sai andando.

Por toda a cidade a pergunta provoca a mesma sensação de desconforto. «Somos um estabelecimento de respeito, senhora», responde o gerente de uma *onsen*. «É tudo balela», diz outro. Só num hotel, encolhido atrás do caixa, o encarregado me dá uma pista. «O dr. Uchida, o médico das termas, talvez possa ajudá-la...»

O dr. Uchida administra um posto de saúde no centro da cidade. Na entrada, trinta pares de sapatos estão alinhados, muitos bastante pequenos – deve ser o dia de atendimento das crianças. A sala de espera está lotada. Depois de uma hora, o médico me recebe em seu consultório, uma sala antisséptica pela qual enfermeiras transitam agitadas. De máscara e avental cirúrgico verde, ele fala com simplicidade e honestidade. «Muitos japoneses vêm aqui porque as fontes termais do monte Fuji foram famosas por séculos. É raro cometerem suicídio depois. Eles costumam passar vários dias na cidade.»

Uma criança que é examinada por uma das enfermeiras começa a chorar, e então outra a imita. O dr. Uchida precisa falar mais alto para se fazer ouvir. «Alguns dos evaporados conseguem empregos nas pousadas, as *ryokan*, talvez como funcionários da limpeza. Não é segredo que as fontes termais são um refúgio para criminosos e vítimas de situações difíceis. As pessoas daqui

ainda lembram quando Kazuko Fukuda estava sendo procurada. Ela matou um colega e ficou foragida por quinze anos. A polícia a localizou nas fontes termais de Atami, foi um escândalo.» Uma assistente faz um sinal de que o tempo é curto. «Se eu fosse você, visitaria as termas 24 horas perto de *Shizuoka*...»

Shizuoka quer dizer «colina calma». Embora seja ainda mais próxima do monte Fuji, a cidade tem pouco charme. Seus 17 mil habitantes vivem entre uma extensão de armazéns e blocos de apartamentos; no centro se destaca uma *onsen* nova, a Hananoyu, uma instalação moderníssima. Nesse imenso complexo de lazer e comércio, caminhos macios e acarpetados levam a restaurantes, fliperamas e cinemas dispostos ao redor das termas. A duas horas de Tóquio, é um paraíso para os moradores da capital, que vêm passar fins de semana inteiros com a família.

O diretor, sr. Taruno Uchino, tem orgulho de seu templo de bem-estar e insiste em me mostrar tudo pessoalmente. Vestido de modo impecável, empertigado em seus sapatos engraxados, ele se orgulha dos pisos de «mármore aquecido» e das massagens com «sal e areia», da sauna «de ponta» e do restaurante. «Posso lhe oferecer chá?», pergunta. E então se recosta numa das almofadas vermelhas de veludo sobre um divã e começa a cochilar. Tenho de sacudi--lo. «Você já teve alguma coisa a ver com os evaporados?»

O sr. Taruno Uchino engasga com o chá. «Evaporados? Aqui? Ahn...» Ele hesita por um tempo, tentando organizar as ideias. Então fala, devagar. «É verdade que costumamos receber pessoas que chegam sozinhas e que estão passando por crises familiares. Elas saem de casa sem saber de fato para onde ir. Aqui, a vantagem é que é muito improvável que se deparem com algum conhecido. E funcionamos 24 horas por dia.»

«E em geral elas contam o quê?»

«Não sei, não me diz respeito.»

«Por nove anos ele teve uma empresa de mudanças. Tocava o negócio normalmente até que uma noite, em um bar de karaokê que frequentava, uma mulher lhe pediu para fazê-la ‹desaparecer› com seus móveis. Não suportava mais as dívidas do marido, disse. Elas estavam ‹arruinando› sua vida.»

O sr. Uchino se levanta, alisando o terno. «Uma coisa é certa: nossos tratamentos são a receita ideal para almas sofredoras.»

A LOJA DA FUGA

De volta ao ponto de partida: Tóquio. Kazufumi, o evaporador, havia mencionado uma série de televisão, *Yonige-ya honpo* [A loja da fuga]. Um amigo me empresta um DVD com essas quinze histórias de evaporação escritas numa pegada de thriller. A série teve recordes de audiência no fim dos anos 1990, mostrando personagens falidos que desaparecem – mas sempre depois de reviravoltas cômicas e perseguições da máfia em alta velocidade. Um dos protagonistas, proprietário de uma agência de fuga, causou uma impressão particular em Kazufumi. Esse alter ego, ágil como um ninja, garantia animado a seus clientes que todos sempre «reapareceriam».

O roteirista da série concorda em me encontrar em Shinjuku, no bar de um hotel quatro estrelas com uma vista panorâmica da cena urbana ultramoderna da capital. Aos sessenta anos de idade, Hara Takahito é o arquétipo do produtor que parece lutar com unhas e dentes contra o processo de envelhecimento: bronzeado forte, mocassim impecável, pulseiras em estilo adolescente. Ele se entusiasma com tudo, ri e bate palmas como uma criança. Foi depois de escrever e dirigir três longas-metragens sobre pessoas que desapareceram que ele decidiu, explica, criar uma série para a televisão. «Eu queria falar de um problema que a mídia não aborda. Empresas de empréstimo privado são controladas pela máfia. Se os devedores não pagarem no prazo, a *yakuza* os pressiona de tal modo que pode até haver assassinatos.»

O EVAPORADOR

Hara Takahito é um sujeito expansivo e grandiloquente, que se emociona facilmente. «A explosão da bolha financeira foi uma tragédia. Não importava o tamanho da dívida, os devedores se matavam. Famílias inteiras cometeram suicídio, mas muitos decidiram que era melhor seguir vivendo com uma identidade diferente. O *yonige* é um fenômeno antigo, que se tornou popular nos anos 1990.» Em japonês, *yo* significa «noite» e *nige*, «fugir». *Yonige* significa uma fuga discreta que leva ao desaparecimento.

Para dar vida a esse fenômeno social, o roteirista se inspirou em episódios reais e testemunhos diretos. «Nossa ficção é muito realista», ele insiste. Ao fazer pesquisas para o seriado, Takahito fez contato com um evaporador e acabou por tirá-lo das sombras e expô-lo à luz do dia: o homem escreveu um livro baseado em sua vida. Takahito me deu seu número de telefone.

O autor fica encantado com minha ligação. Shō Hatori tem 41 anos. Em 1997 publicou o livro *Za yonige-ya* [A agência de fuga].

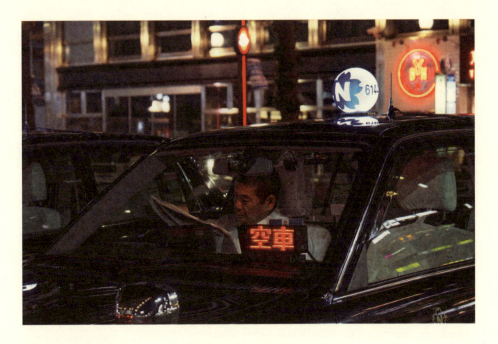

Acima e nas páginas 163, 164 e 167: Cenas noturnas do distrito de Shibuya, Tóquio, depois da meia-noite.

Algumas horas depois nós nos encontramos em Yokohama. Ele esta à minha espera no saguão deslumbrante de um hotel, e me conduz direto para o bar. Baixo, musculoso e com feições marcadas, Shō parece um *yakuza*: corrente prateada, jaqueta preta, expressão desconfiada. Por nove anos ele teve uma empresa de mudanças. Tocava o negócio normalmente até que uma noite, em um bar de karaokê que frequentava, uma mulher lhe pediu para fazê-la «desaparecer» com seus móveis. Não suportava mais as dívidas do marido, disse. Elas estavam «arruinando» sua vida. Shō aceitou o trabalho. E deu tudo certo.

O dono da transportadora farejou uma oportunidade de ouro. Publicou um anúncio: «Mudanças de casa à noite». Apenas uma «piscadela», ele me garante. Era a época em que a bolha financeira estava estourando, e «imediatamente» Shō estava «com uma enxurrada de clientes». Ele decidiu assumir o papel de salvador, unindo homens contratados e fugitivos em seu escritório, esboçando planos em um quadro branco, procurando os melhores esconderijos, imaginando cada cenário. Seus «serviços noturnos» custavam 400 mil ienes (cerca de 3.650 dólares), três vezes mais do que uma mudança de casa comum. Começou a produzir fantasmas em série.

Shō recebeu diversos telefonemas de mulheres – «jovens empregadas» viciadas em roupas e grifes de luxo, afogadas em dívidas. Mulheres vítimas de violência doméstica. Jovens recém-formadas cujos

Os evaporados

chefes as hospedavam em dormitórios coletivos, obrigadas a aceitar trabalhos vis. Nenhuma delas admitiria seus problemas para a polícia ou para os familiares. Melhor fugir do que ser humilhada. «Eu as incentivava a aguentar, mas elas queriam fugir.»

A publicação de suas memórias lhe rendeu amplo reconhecimento público, foi tema de matérias no Japão, nos Estados Unidos e na Europa. Neles, Shō se apresentava como «escritor e gerente» e insistia que, assim como na televisão, seus desaparecidos estavam levando vidas felizes. Ele gosta de pensar em si mesmo como um exemplo. «As pessoas costumam associar *yonige* a covardia, mas ao fazer esse trabalho entendi que é um comportamento sadio.»

No fim da entrevista ele chama a filha de dezessete anos, uma campeã de caratê. Quer fazer dela uma «estrela de cinema». Será sua vingança de seu passado. Ele também é um evaporado – ou melhor, um «filho da evaporação». Sua família fugiu de Quioto quando ele ainda era criança. Dívida... mais uma vez.

«COMO FAZER OS MORTOS FALAREM»

Vamos jantar num restaurante barulhento e abafado em Shibuya, zona oeste de Tóquio. Entre pratos de peixe cru acompanhados de saquê, um jornalista levanta a questão dos evaporados. Meio curiosos, meio incrédulos, os comensais se animam. Um professor universitário se pergunta: «Como desenterrá-los? A iniciativa precisa partir das famílias. Mas é difícil... nem a polícia consegue». Um fotógrafo brinca: «Seria como fazer os mortos falarem». Outro comensal pensa alto: «Todos nós ouvimos histórias sobre pessoas que sumiram, mas daí a voltar a encontrá-las... Talvez seja suficiente mencionar isso». O professor intervém: «Desculpe, mas somos muito reservados. Não aparecemos assim na casa das pessoas, não demonstramos emoções. Com

um tabu como o desaparecimento, duvido que você vá descobrir alguma coisa...».

E, no entanto, eles estão por aí, por toda parte. Uma pintora, mãe de dois filhos, que espera há vinte anos. Desde o dia em que, como de costume, foi ao restaurante do marido para cobrir o turno do almoço e outro homem a recebeu no lugar dele – o marido tinha simplesmente vendido o lugar sem lhe dizer e desaparecera. Ela nunca mais teve notícias dele. «Às vezes acho que ele está perambulando por San'ya, o bairro dos marginais.»

Há também a estudante quieta e reservada cujo pai fugiu quinze anos antes deixando para trás seus documentos, chaves, tudo. Por duas vezes a garota pensou tê-lo avistado na rua. Uma silhueta elusiva, memórias vagas. Se ele a chamasse, ela teria falado com ele? Não. Ela «abomina» o pai. Nunca procurou encontrá-lo.

«NÓS MORÁVAMOS ENTRE AS CEREJEIRAS»

As famílias dos desaparecidos não têm para onde fugir. No Japão, os adultos têm o direito legal de desaparecer. É uma realidade dada. «Quando alguém desaparece, simplesmente dizemos *shō ga nai*, que significa ‹não se pode fazer nada a respeito›. Eu não estava por aqui durante o período Edo (1603-1868), mas mesmo naquela época, quando alguma coisa séria acontecia, as pessoas se resignavam», lembra Hara Takahito, o roteirista.

A história da família Kurihama é exemplar. Eles moram longe de cadeias conhecidas de restaurantes e hotéis, em um bairro popular a noroeste da capital. Mikio, o pai, abre a porta. Com um bigodão e uma barriga avantajada, vestindo um suéter muito largo de lã, o ex-pedreiro de 61 anos de idade parece um sindicalista. Na principal área de convivência da família – uma cozinha mal aquecida cheia de armários bambos, pilhas de pratos, tralhas, bonecas, globos de neve e desenhos infantis – ele puxa algumas cadeiras desencontradas. Segundos depois,

> «Nesta casa, *yonige* virou uma palavra tabu. Como se fôssemos párias. Mas quem pode dizer que nunca quis – e nunca vai querer – mudar de vida?»

sua mulher, uma discreta funcionária dos correios, chega do trabalho.

O clima é tenso, o silêncio, difícil de quebrar. O filho mais velho, Thim, em pé diante da mesa, rígido e imóvel, olha fixamente para o tapete composto de pedaços reaproveitados de carpete. No andar de cima, deitada, a avó parcialmente inválida pigarreia. Mikio e a mulher, sentados um de frente para o outro, se olham nos olhos.

«Nós morávamos entre as cerejeiras em Saitama, na planície de Kantō.» Com essas palavras Mikio começa seu relato. Filho de curtimistas, ele se tornou instrutor de *kendo* aos vinte anos, uma realização notável para um homem de casta baixa: *kendo* é o combate de espadas dos samurais. Homem respeitado, Mikio dava aulas noturnas para policiais. O mestre em artes marciais se uniu a Tomoko por meio de um casamento arranjado. O casal aprendeu a se amar e, na década de 1980, abriu um restaurante de *gyōza*. Mikio pegou dinheiro emprestado. Ele não diz quanto.

A clientela do restaurante era escassa, e o país, afetado pela crise econômica, mergulhou em recessão. Ficou impossível pagar o empréstimo. Mikio e Tomoko começaram a temer pela segurança da família. «Levaria um século para quitar aquelas dívidas.» Tomoko estava grávida de Thim, o primogênito. A mãe de Mikio vivia com o casal. Foi ela que tomou a decisão de vender a casa sem alarde e deixar tudo para trás. Em um 10 de janeiro, dia de festejos e tempestades, a família Kurihama evaporou.

Thim ainda está de pé, imóvel, rígido. Ele é o único filho com quem o segredo foi compartilhado. Esta noite, seus irmãos, que cresceram com a mentira de um passado idílico – cerejeiras em flor, a casa adorável, a «ida voluntária» para Tóquio –, foram mandados para a casa de um amigo. Mas Thim ficou. «Ele é um mistério para nós», Mikio diz. «Ele é como a superfície calma de um lago com profundezas ocultas, desconhecidas. Os outros dois são mais fáceis de entender, estão indo bem na universidade.» Thim, com seu piercing no lábio, continua congelado. «Acho que botei muita pressão sobre ele», Tomoko diz de repente, levando a chaleira ao fogo com um estrépito e atacando a pilha de pratos sujos.

«JOGAR A TOALHA»

Mikio fica mais tenso. Ele brinca, nervoso, com as hastes dos óculos. De repente, a dor até então contida explode. «Nesta casa, *yonige* virou uma palavra tabu. Como se fôssemos párias. Mas quem pode dizer que nunca quis – e nunca vai querer – mudar de vida? As pessoas são covardes. Estão inevitavelmente tentadas a jogar a toalha, a desaparecer e reaparecer em algum lugar onde ninguém as conheça.»

Tomoko volta a se sentar, os pratos abandonados. Mikio observa as flores na toalha de mesa de plástico. «Nunca pensei na fuga como um fim em si. Minha mãe me ensinou a superar obstáculos e lutar. Mas desaparecer significava dar a mim mesmo uma chance de renascer, livre dos erros cometidos.» A culpa de Mikio é evidente. «Estou ciente de minha fraqueza. Por exemplo, queria desistir de nosso encontro hoje. Não é fácil botar essas coisas para fora. E a troco

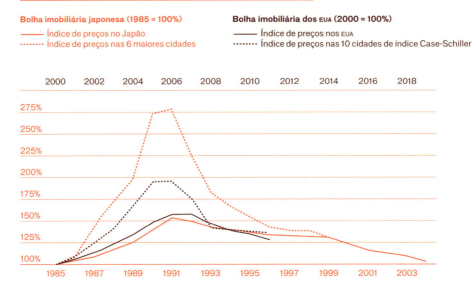

A DÉCADA PERDIDA

Em 1987 o Japão ultrapassou os Estados Unidos em termos de renda per capita. Dois anos depois, o índice Nikkei (da Bolsa de Valores de Tóquio) alcançou sua alta histórica, e as pessoas pensaram que o Japão logo se tornaria a principal economia do mundo. Mas havia claros sinais de uma bolha gigante: diziam que o Palácio Imperial em Tóquio tinha um valor imobiliário equivalente ao da Califórnia inteira (não que ele estivesse à venda!). Nos primeiros meses de 1991, a bolha estourou e o preço das casas despencou, reduzindo o valor do Nikkei a menos da metade. O país entrou numa crise marcada pelo baixo crescimento e pela deflação, conhecida como a «década perdida», que acabou durando muito mais do que dez anos e cujos efeitos se fazem sentir até hoje. A taxa de desemprego permaneceu relativamente baixa, mas se calcula que entre 1995 e 2007 os salários reais tiveram uma queda de 5%, enquanto os preços permaneceram estagnados.

O consumo interno nunca mais retomou os níveis dos anos 1980, e as empresas então dominantes, como a Toyota e a Sony, se viram competindo com rivais coreanas. Em resposta à deflação crônica e ao baixo crescimento, o Japão tentou estimular a economia acumulando uma dívida pública líquida que, expressa pela porcentagem do PIB (153%), é a mais alta do mundo (ainda que a maior parte dela tenha incidido no mercado interno e no Banco Central). Na realidade, os baixos índices de crescimento da economia são em parte resultado de uma sociedade que está envelhecendo: observando a renda per capita da população em idade ativa, vê-se que nos anos 2000 o Japão teve índices de crescimento mais altos do que os EUA e muitos países europeus. Por outro lado, continuou sendo o país com maior saldo credor do mundo.

de quê? Mas disse a mim mesmo que poderia ser um novo desafio. O desaparecimento não sai de você, gruda na pele. Fugir é correr em direção à morte.» Thim fecha os olhos. Seu pai continua falando. «Estou cansado, mas continuo meu caminho, e não tenho razão para mudar a minha vida. Só quero uma coisa: viver em paz com a minha mulher e meus filhos. Até o fim.»

Mikio se levanta em meio ao silêncio pesado. «Você ainda pratica *kendo*?»

«Não, mas os meus filhos começaram a praticar!»

Mais à vontade agora, ele apanha um álbum de fotografias e o folheia. Thim vai até um dos armários e me mostra uma coleção de medalhas e troféus. Dez minutos depois Mikio sai de fininho e volta, fazendo uma entrada dramática. Thim diz, admirado: «Você está parecendo um *yakuza*, papai!». Vestido com calças largas e uma jaqueta índigo, uma máscara de metal cobrindo o rosto, Mikio empunha com desenvoltura um sabre afiado. Ele vestiu seu uniforme de *kendo* pela primeira vez em 23 anos. No andar de cima a avó resmunga. Ela quer ver a cena e precisa de ajuda para descer as escadas. Mikio a senta com delicadeza em uma cadeira gasta no meio do cômodo. A velha senhora fita o filho com nostalgia.

***

Eu volto a ver Kazufumi, o evaporador. Sua experiência é preciosa. Como profissional, sabe muito bem que «reaparecimentos» raramente acontecem do modo como são mostrados nos filmes. Como alguma coisa pode ser construída sobre uma mentira? Kazufumi não conseguiu. Ele se casou, mas nunca contou o segredo à mulher. O casamento não deu certo.

Como muitos fantasmas, Kazufumi nunca fez seu registro junto às autoridades em sua nova área de residência – e, no que diz respeito àqueles de sua cidade natal,
ele desapareceu oficialmente, perdendo assim todos os seus direitos. Nada de previdência social. Nada de escola nem para os filhos dos evaporados. «No Japão eles não nos vigiam tanto quanto em seu país. É fácil desaparecer.» Para continuar em seu mundo paralelo, Kazufumi vive em uma terra de ninguém administrativa.

Sua escrivaninha está coberta de papéis com esboços. «Transporto sobretudo pessoas de um lugar para outro em Tóquio. É fácil sumir no anonimato da capital. Mas também realoco alguns clientes no interior.»

Shunsuke Sōda é um dos «realocados». Ele é um dos milhares de desempregados e desiludidos das supercidades que se mudaram na moita para repovoar áreas rurais. O homem de quarenta e poucos anos que vem me pegar na estação ferroviária usa uma jaqueta esportiva e conserva um ar citadino. Suas mãos são brancas e macias, seu carro, imaculado. Shunsuke trocou Tóquio há sete anos pela província de Yamanashi, no norte do Japão. Ele dirige rápido, apesar do nevoeiro. As florestas e os campos ondulantes passam correndo pelas janelas do carro. Ele só para quando chega a uma estrada de terra no sopé de uma colina coberta de árvores. Sai do carro e, com o pé na lama, aponta para quatro grandes estufas de plástico. «Espinafre no inverno; tomates, alface e morango no verão.» Alguns agricultores com botas enlameadas estão colhendo alface no terreno ao lado. Eles encaram Shunsuke. «Nunca me cumprimentam. Não sou um horticultor de verdade para eles. Não confiam em mim.»

SHUNSUKE, O HOMEM SEM RAÍZES

Começa a chover pesado. Não há abrigo por perto. Shunsuke não quer ir para casa – «é muito longe daqui, e tenho de entregar minha mercadoria...». Ele volta para dentro do carro. «Eu era um assalariado, como todos aqueles que vemos em Tóquio, estressados, subservientes. Trabalhava em um hotel muito grande, de dez a doze horas por dia. Achei que estava enlouquecendo.» Shunsuke conta sua história durante o trajeto. Estava prestes a explodir quando soube que havia uma demanda por trabalhadores no campo. Resolveu tentar a sorte e se matriculou numa universidade no norte do Japão, para um curso de treinamento em agricultura, com duração de seis meses. Então precisava financiar sua mudança. «Meu pai é muito rico, mas eu não queria ficar devendo nada a ele. Já que não tinha nenhuma garantia para um empréstimo no banco, fui a uma corretora de títulos.»

«Quer dizer, uma agência de agiotagem?»

«Você conhece bem o Japão!»

As taxas de juros eram altas demais. Shunsuke não conseguia quitar a dívida. Outro fracasso. A evaporação se tornou inevitável. «Primeiro eu mesmo me encarreguei do que tinha de mais precioso, e depois os carregadores chegaram num caminhão e levaram o resto.» Com o que sobrou do empréstimo ele alugou um apartamento pequeno, um trator e algumas ferramentas. Então se pôs a trabalhar duro. Os invernos são rigorosos e a solidão é considerável, mas, em suas estufas, o homem sem raízes sente-se mais em paz. É só então, relutante, que Shunsuke admite ter feito *yonige*.

Ele estaciona no pátio de uma bela casa, moderna. Estranho: ele não disse que vivia em um pequeno apartamento? Um homem mais velho, de uns setenta anos, de pantufas, aparece na porta. «Meu pai», diz Shunsuke. O homem se inclina e volta para dentro. Sua mulher, esperando no vestíbulo, foi buscar um par de pantufas para cada um de nós. O piso de parquê está brilhando, a decoração é burguesa e ocidental. Tudo é elegante e arrumado.

Em um inglês perfeito, o pai me convida para entrar na sala de estar. «Eu era um dos

A ASCENSÃO E A QUEDA DO SARARĪMAN

O termo japonês *sararīman*, um falso anglicismo (*salaryman*), se refere ao funcionário assalariado do sexo masculino de uma grande empresa. No período do pós-guerra, ser um sararīman significava reconhecimento e estabilidade: emprego mais ou menos garantido até a aposentadoria, salários iniciais baixos que aumentavam periodicamente em uma estrutura baseada na senioridade e não no mérito. Em troca, os assalariados dedicavam a vida à empresa: intermináveis horas de trabalho, lealdade incondicional, noites a entreter clientes. Os assalariados chegaram para ficar no Japão moderno: o herói do colarinho-branco que, das cinzas da Segunda Guerra Mundial, criou a segunda maior economia do mundo. Hoje, na sequência da crise econômica dos anos 1990 que levou a demissões e contratos a prazo, ecoando o pacto social do pós-guerra, o sararīman se tornou um cidadão de triste (e ridícula) figura, no imaginário coletivo: o pai e marido ausente, o conformista com um trabalho entediante e insatisfatório, o escravo da empresa, o bêbado no metrô. Uma mudança geracional está em andamento, e muitos jovens se negam a fazer do trabalho o centro de suas vidas.

Janelas de escritório acesas em um prédio no distrito comercial de Tóquio.

diretores da Mitsubishi. Estou aposentado agora, mas costumo fazer projetos para grandes empresas.» Sua esposa, uma mulher elegante, traz café e biscoitos. «Este lugar é nossa segunda casa. Mandamos construir ano passado. Antes disso, a gente costumava ir para um hotel. Mas uma casa é muito mais confortável. E nosso filho pode aproveitá-la. É melhor para ele aqui do que seu apartamento pequeno, não acha?» Shunsuke está sentado passivamente no sofá, os braços cruzados como uma criança embirrada.

«Sr. Sōda, está feliz com a mudança de carreira do seu filho?»

«Eu mesmo nunca teria feito isso. Trabalhar a terra não é para mim. Mas Shunsuke é jovem e saudável. Aqui ele come bem, se exercita... As coisas podem ficar mais complicadas quando ele chegar na idade de se aposentar, mas tenho confiança nele. Ele vai ficar bem.»

O sr. Sōda dá um apertão afetuoso no ombro do filho. Shunsuke recua. «É claro que fiquei surpreso quando ele me disse que queria virar fazendeiro, mas sempre o apoiei. Eu não te apoiei sempre?» O pai fala com o filho agora. «Ele precisa encontrar uma mulher. Não é fácil nesse fim de mundo... só tem camponesas.»

É hora de ir embora. Uma última batida forte nas costas de Shunsuke, alguns degraus até a porta de entrada. O sr. e a sra. Sōda ficam olhando o carro até nos perdermos de vista.

«Não entendi. Você mora com seus pais?»

«Não, eu te falei, tenho um apartamento. Mas é pequeno e não muito aconchegante. Meus pais insistiram em vir atrás de mim.»

Amuado, Shunsuke explica que queria «tranquilizar» os pais depois de quatro anos de silêncio. Sem fazer pergunta alguma, o pai logo mandou construir a nova casa. O fazendeiro explode. «Eu me sinto como um homem foragido que deseja uma vida

normal. Achei que tinha conseguido estabelecer alguma distância entre nós, mas falhei. Meu pai é dominador e intrometido.»

A LEI DO SILÊNCIO

Kazufumi acredita que o silêncio deva ser mantido por pelo menos cinco anos. O próprio evaporador ficou quinze sem ligar para seus pais. Ele tinha medo. Medo de que se recusassem a falar com ele, medo de que estivessem mal de saúde, medo de que tivessem recebido ameaças por causa dele. Eles o perdoaram. Kazufumi nunca se sentiu forte o suficiente para revê-los de novo, mas se sentiu menos culpado.

Enquanto os pais permanecem em silêncio, alguns filhos de evaporados se manifestam. Como Shō Hatori, o escritor que inspirou a série de TV sobre os desaparecidos. E há outros, aqueles que não enfrentam o passado, os sem nome, os perdidos, os perdedores, os que tiveram suas memórias amputadas. Muitos acabam em San'ya, não muito longe da casa de Kazufumi.

San'ya é o ponto de gente pobre, de criminosos e de sem-teto. Chega-se a essa cidade dentro da cidade de metrô, e apenas de metrô. De acordo com associações locais, 70% da população pode ser de evaporados. Mas eles não contam suas histórias. A única lei em San'ya é a lei do silêncio. Várias visitas são necessárias para convencer Norihiro.

Norihiro tem cinquenta anos e o rosto inchado de saquê. As roupas folgadas de algum modo ressaltam sua silhueta emaciada. Caminhamos até seu surrado alojamento, por ruas de cortiços e construções dilapidadas. Homens sentados em caixas de papelão o provocam. «Está se dando com estrangeiras agora?» A porta de seu quarto é fechada com cadeado; as paredes não têm janelas nem nada pendurado. Não há objetos pessoais, documentos. Apenas guimbas de cigarro e um tatame caindo aos pedaços.

«Norihiro é um nome falso com a intenção de ‹enganar a polícia›. ‹Depois de todo esse tempo eu poderia reclamar minha identidade, é claro. É o que fazem os evaporados que recomeçam, que dão início a uma nova vida. Mas não quero que minha família me veja assim. Olhe para mim. Não é que só pareço um nada: eu sou um nada.›»

«NÃO É QUE SÓ PAREÇO UM NADA; EU SOU UM NADA»

Toda manhã, bem cedinho, Norihiro espera na frente de um bangalô a chegada dos empregadores. Mas o trabalho é escasso. A economia está em crise, afetando os mais vulneráveis. Os mafiosos que empregam diaristas são menos poderosos agora também. Álcool, exaustão, fatalidade, uma vida *giri-giri* – no limite de condições mínimas de sobrevivência –, nada disso é estranho a Norihiro. «Há milhares de homens como eu em San'ya. Dívidas não pagas, desesperança, pressão no trabalho, discussões, é o normal. Mas vejo cada vez mais jovens se matando.»

Norihiro é um nome falso com a intenção de «enganar a polícia». «Depois de todo esse tempo eu poderia reclamar minha identidade, é claro. É o que fazem os evaporados que recomeçam, que dão início a uma nova vida. Mas não quero que minha família me veja assim. Olhe para mim. Não é que só pareço um nada: eu sou um nada. Se eu morrer amanhã não quero que ninguém me encontre.»

Aos quarenta anos de idade, um homem bonito mulherengo, ainda que muito apegado à mulher, Norihiro era um engenheiro brilhante. Demitido de repente certo dia, ele não mudou sua rotina. Como fazia todos os dias, vestia o terno, calçava os sapatos de couro e saía com a pasta na mão. A mulher lhe desejava um bom dia, pousando a mão em seu ombro. Ele se postava na frente do prédio de seu antigo escritório o dia todo, sem falar ou comer. Fez isso por uma semana. «Eu não suportava mais. Até esperava passar das sete horas, que era a hora que eu costumava ir beber com meus chefes e colegas. Ficava perambulando, e, quando por fim ia para casa, sentia que minha mulher e meu filho estavam desconfiados. Eu me sentia culpado. Não tinha mais salário algum para dar a eles...»

No dia do pagamento Norihiro se barbeou, deu um beijo na mulher e pegou a mesma linha de metrô. Mas na direção oposta. No fim da linha: esquecimento. «Dói pensar que meus pais me procuraram. Espero que eles estejam bem. Talvez ainda achem que vou voltar. Talvez tenham morrido.» Sobre a mulher e o filho, Norihiro não diz nada.

O objeto icônico: o *woshuretto*

Se você for ao Japão, não vai demorar para encontrar um – e é um encontro que vai mudar sua vida.

GIACOMO DONATI

Não estamos falando de Godzilla ou dos bonecos Gundam em tamanho real. Não. Este é o humano, demasiado humano, *woshuretto*, ou *washlet*, também conhecido como vaso sanitário japonês, uma criação extraordinária que une vaso, bidê e muito mais. Quando se deparar com um pela primeira vez, a questão inevitavelmente virá a sua mente: revolução ou pura insanidade?

Um pouquinho de história. O Japão é um país onde o espaço vale ouro, sobretudo nas cidades, que abrigam 91,7% da população total de cerca de 127 milhões de pessoas. Se você não for muito rico nem morar no interior, a única maneira de encontrar espaço suficiente para viver é se amontoando como sardinha em moradias que podem ser vistas como anexos de casas maiores mais do que áreas de habitação de fato, ou em prédios densamente povoados. Aqui, cada apartamento tem o tamanho de alguns tatames, e cada milímetro quadrado de espaço tem

uma função específica. Futons são retirados dos armários toda noite e desaparecem na manhã seguinte, liberando espaço precioso. Isso explica por que, como qualquer um que já esteve no Japão sabe, tudo é em miniatura: geladeiras, fornos, micro-ondas, banheiras. Para a maioria da população, essa não é uma questão de gosto ou preferência, mas de necessidade – um jeito de evitar ser engolido pelos aparelhos domésticos.

É um processo contínuo de se livrar das coisas, uma batalha de liberação impiedosa, uma crença que impele as pessoas mais sãs a ir atrás do último livro da consultora de organização Marie Kondō em busca da ordem perfeita, com cada canto implacavelmente a salvo do caos. Ao mesmo tempo, como qualquer bom japonês irá lhe dizer, não pode haver concessões à higiene imaculada.

O conceito de limpeza está por toda parte na vida japonesa. Os alunos limpam as salas de aula, as pessoas se responsabilizam pela rua na frente de suas casas e até por todo o bairro: elas podam árvores e às vezes limpam os banheiros públicos. Não se vê nem um papel no chão, ainda que não haja lixeiras – quase todo mundo sai de casa com uma sacolinha para recolher seu lixo, que é então levado para casa para ser reciclado. E qualquer pessoa pode se dar o prazer de um banho diário: se não dispõe de um chuveiro ou da mais tradicional banheira para se satisfazer no ritual de limpeza e relaxamento

do ofurô – imersão, depois de limpo, em água muito quente –, por alguns ienes elas podem ir a um dos inúmeros banhos públicos.

Foi no início dos anos 1960 que as preocupações tipicamente japonesas com espaço e limpeza uniram-se em uma única e extraordinária ideia que mudaria a vida de milhares de habitantes. Algumas mentes brilhantes na Toto, a primeira empresa a introduzir vasos sanitários no estilo europeu no Extremo Oriente, retomaram uma invenção suíça que mal havia sido explorada, nem mesmo nos Estados Unidos. Elas atualizaram sua tecnologia de modo que alcançasse os padrões de excelência em meio a um boom econômico. Duas décadas e diversas tentativas depois, em 1980 uma nova criação veio ao mundo. Que ou foi amada ou odiada, era impossível ficar indiferente: o primeiro modelo do *woshuretto*.

Inicialmente, apesar da considerável curiosidade em torno dessa nova descoberta, ela não pegou. Por volta de dez anos depois, ficou impossível ignorar os sorrisos nos rostos dos pioneiros do *woshuretto*, e os pedidos dispararam. Hoje estima-se que três em cada quatro japoneses tenham um. Basicamente, eles estão por toda parte.

Ele faz de tudo, só não passa café. Há até um painel de controle na lateral com dúzias de botões impossíveis de desvendar, mesmo munido de um dicionário.

Uma primeira visita a um deles significa apertar botões aleatórios só para que ele faça as coisas mais básicas, mas, com um pouco de prática, você pode realmente se divertir: há o limpador de traseiro, a função bidê apenas para mulheres, o assento aquecido e o modo enxágue – e isso só para começar. A diversão realmente engrena com o ar morno para secar, música para encobrir os momentos mais constrangedores, desodorantes que preservam a dignidade, jatos pulsantes de água, spray desinfetante, assentos com sensores de movimento que se levantam automaticamente quando a pessoa se aproxima deles, descargas que entram em ação no momento em que você levanta... e essas são apenas as funções básicas. A central de controle do modelo mais sofisticado apresenta 38 botões: é alucinante.

Quando você o experimenta pela primeira vez, a sensação deve ser parecida com a que os astronautas sentiram quando entraram pela primeira vez na *Apollo*. O calor reconfortante de 38 graus Celsius do assento, os primeiros murmúrios da engenhoca em funcionamento, a sensação de sentar em um reator em vez de em um vaso sanitário banal, a esperança nervosa de que ele não exploda, a descarga que leva tudo embora como um redemoinho poderoso e então o *grand finale* que ofusca todo o resto: o constrangimento do jato de água que emerge bem quando aqueles de nós acostumados com a lavagem como uma atividade à parte menos esperam. E o prazer sutil que se segue.

Nada é como antes. É um batismo invertido, uma acolhida que desaparece quando você entra no avião para ir embora, e da qual logo percebe estar sentindo falta. Porque é só quando você já passou por essa experiência que pode dizer que se sentiu, mesmo por um momento, Toto-lmente japonês.

A obsessão nacional: tipos sanguíneos

MATTEO BATTARRA

Entre as muitas «esquisitices» japonesas, poucas são tão inexplicáveis quanto a paixão por tipos sanguíneos, tanto que até mesmo a personagens de animes e videogames se atribui um determinado tipo. Em qualquer entrevista com atores e cantores vai aparecer uma pergunta sobre o sangue, que junto com as preferências sobre comida, cores e animais favoritos vão compor um quadro da personalidade da pessoa. Mas o interesse não se limita a personagens ficcionais e celebridades. «*Ketsuekigata nāni*?» («Qual é o seu tipo sanguíneo?») é uma pergunta que costuma ser feita para quebrar o gelo, equivale à ocidental «Qual é o seu signo?». A razão disso? Há uma convicção difundida de que os tipos sanguíneos têm de alguma forma influência na personalidade das pessoas.

Essa crença, que não existe em nenhum outro lugar do mundo, teve início em 1927, quando Takeji Furukawa, professor de uma universidade feminina em Tóquio, publicou o artigo «O estudo do temperamento por meio dos tipos sanguíneos». Furukawa não tinha formação médica ou científica, e a teoria, embora estapafúrdia, teve um impacto enorme em seus leitores. Nos anos seguintes, até mesmo o exército japonês tentou aplicá-la a seus métodos de treinamento, dividindo os soldados de acordo com o tipo sanguíneo (sem nenhum efeito perceptível). Em 1933 a ideia já havia sido descreditada por diversos estudos, e sua popularidade rapidamente decaiu.

Tudo isso mudou em 1971, quando estourou o bestseller *Ketsueki-gata de wakaru aisho* («Entender a afinidade por meio dos tipos sanguíneos»), um manual que estabelecia possíveis combinações sanguíneas entre casais. Masahiko Nomi, seu autor, um jornalista com diploma de engenheiro e nenhuma perícia médica, ressuscitou habilmente as teorias de Furukawa, conseguindo tirar leite de pedra. Nomi foi o responsável por um fenômeno literário que lançou no mercado dez volumes sobre o assunto, plantando o «conceito» das quatro personalidades baseadas em tipos sanguíneos, firmemente ancoradas na psique japonesa. A partir daí, seguiu-se uma maré de manuais e dietas concebidos para tipos de sangue específicos, além de agências de namoro prometendo compatibilidade perfeita. Empresas começaram a pedir a novos funcionários que declarassem o tipo sanguíneo, e havia muitos supostos casos de bullying e «assédio devido ao tipo sanguíneo» (*burahara*), em geral tendo como alvo os infelizes tipo B. Hoje é proibido especificar o tipo sanguíneo nos currículos. Eis por quê:

TIPO A
Precisas, sérias, confiáveis, essas pessoas tendem a ter relacionamentos harmoniosos com os colegas. Não surpreende que sejam o tipo mais comum no Japão. Costumam, porém, ser tímidas e se estressar com facilidade.

TIPO O
Otimistas, extrovertidas, autoconfiantes, têm potencial para se tornarem grandes líderes e amigas. Nem sempre são pontuais ou atentas a detalhes.

TIPO B
Impulsivas, imprevisíveis e muito criativas, são, no entanto, vistas como as ovelhas negras dos quatro tipos, pois seriam egoístas, egocêntricas e teimosas.

TIPO AB
O tipo mais raro no Japão, uma combinação de A e B que resulta em um tipo de dupla personalidade: reservada mas amigável, controlada mas expansiva. O herói de mangá clássico, que a princípio parece frio e distante mas que acaba revelando um grande coração.

Apesar de ter sido discutida e descreditada repetidas vezes ao longo dos anos, a teoria continua firmemente enraizada na cultura japonesa. Tente acessar amazon.jp e digitar 血液型 (tipo sanguíneo): vão pipocar em sua tela milhares de livros e manuais. Se fizer o mesmo no YouTube, você também vai encontrar uma série incrível de desenhos maravilhosos nos quais os personagens são tipos sanguíneos animados.

Algumas pessoas esboçaram explicações antropológicas para esse fenômeno, lembrando que o sangue sempre ocupou um lugar importante na cultura tradicional japonesa, em particular na transmissão de características hereditárias. Outros veem razões psicológicas e sociais: os japoneses tendem a se reconhecer como uma população bastante uniforme e procuram maneiras de se diferenciar uns dos outros. Por outro lado, a distribuição entre tipos sanguíneos dos japoneses é bastante semelhante: cerca de 40% A, 30% O, 20% B e 10% AB. Não é de surpreender que características negativas sejam atribuídas a um tipo minoritário, os Bs, enquanto os As são vistos como «verdadeiros» japoneses – na verdade, tratava-se de vender o máximo de livros possível, não? Os ABs são até mais raros, e portanto são aqueles que as pessoas pegam para cristo.

No entanto, as pessoas sabem muito bem que tudo isso não tem base científica e encaram o pacote como uma mania de todo inofensiva. Então por que não tentar você mesmo? Avalie seu relacionamento com seu parceiro de acordo com o número de antígenos em seus glóbulos vermelhos. Eis um resumo das combinações mais comuns (recorram à internet para um mundo de variantes possíveis).

A e O:	uma excelente parceria com pontos fortes complementares
A e B:	uma má combinação de opostos
B e B:	arriscada se os parceiros forem muito diferentes um do outro
AB e AB:	combinação estranha, mas pode funcionar
B e O ou AB:	tipos flexíveis e abertos, podem se dar bem juntos
AB e O:	melhor como amigos do que amantes

A obsessão nacional: tipos sanguíneos

O fenômeno:
J-pop

CESARE ALEMANNI

Enquanto no mundo todo as vendas de discos em formato «físico» têm sido dizimadas por pirataria on-line e serviços legais de streaming como o Spotify, uma rede de sucesso, a Tower Records Japan, está driblando essa tendência com lojas enormes de CDs e vinis. Se a Tower Records original nos EUA decretou falência em 2006, em Tóquio ela não só está sobrevivendo como prosperando. A loja em Shibuya é um exemplo, com sete andares de discos. Cada andar – que se estende por centenas de metros quadrados de área útil – é dedicado a um gênero específico e fervilha com centenas de japoneses que ainda, em boa parte do século XXI, veem CDs e vinis como um bem que vale cada centavo nele investido. O colecionismo, alinhado a uma dose generosa de perfeccionismo nerd, é um traço significativo da cultura japonesa contemporânea

Um dos pisos mais lotados oferece um tipo de música de especial predileção (mas não apenas) de adolescentes: J-pop. Esse gênero – se é que pode ser chamado assim – é o mais popular e mais exportado do Japão e é a mola propulsora da indústria fonográfica do país, uma das mais bem-sucedidas do planeta.

O faturamento da indústria da música japonesa é de quase 3 bilhões de dólares (72% dos quais vêm de vendas de discos), o que a deixa atrás apenas do mercado norte-americano, com seu faturamento anual de 5 bilhões de dólares (dos quais apenas 15% provêm das vendas de discos e vinis).

O visitante estrangeiro que for à seção de J-pop de qualquer Tower Records vai encontrar uma cena à qual os ocidentais estão desacostumados: uma garotada com cabelos e roupas chamativos se amontoando ao redor dos discos e das mercadorias, como se a internet não existisse. As paredes estão cobertas de pôsteres retratando garotos e garotas joviais, artificialmente luminosos graças a excesso de Photoshop. Esses são os ídolos do J-pop.

O J-pop não é apenas o gênero musical de maior sucesso no Japão, mas é também o mais difícil de explicar para quem nunca ouviu falar dele. Enquanto em um nível puramente musical ele é, sem tirar nem pôr, o que o nome sugere – música leve, comercial, da moda –, todo o resto a seu respeito é menos óbvio.

O gênero poderia ser descrito como uma combinação do *kayōkyoku* (música pop

tradicional) com o pop rock americano e britânico mais pitadas de *new wave*. No início dos anos 1990 diversos produtores de J-pop se deram conta de que a melhor maneira de maximizar o sucesso comercial de suas bandas era montá-las artificialmente, controlando cada detalhe, da música à aparência e à personalidade dos músicos. É por isso que as estrelas do J-pop são «criadas» como galinhas em granjas para se tornarem ídolos (*aidoru*) perfeitamente adaptados para cada nova geração de adolescentes. Esse é o caso, por exemplo, da AKB48, uma banda de garotas do distrito de Akihabara de Tóquio, que desde 2005 vendeu mais de 56 milhões de discos. Administrada como uma banda em permanente expansão, AKB48 tinha 130 membros em 2015, todas jovens entre quinze e vinte anos, cada uma delas atrelada a um contrato que estabelece limites em relação a seu comportamento público e privado. Esses contratos costumam exigir que as integrantes permaneçam solteiras. Isso porque uma boa *aidoru* precisa ser «pura» para que as fãs do sexo feminino possam se identificar com elas, mas também «livres» a fim de se encaixarem nas fantasias dos fãs do sexo masculino. Quebrar essa regra pode ter consequências graves. Minami Minegishi sabe um pouco disso: ela é uma das mais conhecidas integrantes da AKB48, e em 2013 um tabloide a acusou de ter passado a noite com Alan Shirahama, do Generations, outro *aidoru*. Minegishi se viu no centro de uma tempestade da mídia. Rebaixada na banda de «líder» para «aprendiz», teve de se desculpar em um vídeo do YouTube no qual, em um ato de penitência pública, apareceu aos prantos com o cabelo raspado.

Nesse sentido, o J-pop é um remanescente do fenômeno ocidental das *boy bands* que vicejaram na segunda metade dos anos 1990, com a diferença de que, enquanto as *boy bands* hoje representam a exceção em vez de regra entre os astros da música ocidental, os ídolos do J-pop japonês ainda despontam em um ciclo infinito. Há inúmeros deles que conseguem conquistar a maioria dos adolescentes japoneses. Uma garotada que não parece se importar com a escassa espontaneidade daquela música, nem – como mostrou o caso de Minegishi – com a vida roteirizada de seus ídolos, que vivem numa prisão que nem dourada é, realizando a fantasia de seus fãs.

Um autor recomenda

Um livro, um filme e um disco para entender o Japão, escolhidos por:

HIDEO FURUKAWA

Uma das figuras mais estimadas da literatura japonesa contemporânea, Hideo Furukawa (1966, Fukushima), que também é músico, recebeu o Prêmio dos Escritores Japoneses de Mistério, o Grande Prêmio de Ficção Científica Japonesa e o Prêmio Mishima. Entre seus títulos traduzidos para o inglês estão *Slow Boat* (Pushkin Press, 2017); *Horses, Horses, in the End the Light Remains Pure: A Tale That Begins with Fukushima* (Columbia University Press, 2016); e *Belka, Why Don't You Bark* (Haikasoru, 2012. Em francês, a editora Philippe Picquier publicou, entre outros, *Soundtrack* (2018); *Alors, Belka, tu n'aboies plus?* (2015); e *Ô chevaux, la lumière est pourtant innocente* (2013), este último escrito um mês depois do desastre nuclear de Fukushima, em 2011.

O LIVRO
**SENNEN NO YURAKU
(MIL ANOS DE PRAZER)**
Kenji Nakagami
1982

Se, como na Índia, pudéssemos recorrer ao termo «casta» para descrever as camadas sociais, não seria descabido dizer que a partir do fim da Idade Média o Japão teve um rigoroso sistema de castas e que havia indivíduos que viviam fora delas – os «párias». Escritor extraordinário, Kenji Nakagami nasceu e cresceu em uma comunidade regional habitada por tais párias, e fez dessa origem de discriminação e experiência de opressão o grande tema de sua literatura. Sua obra-prima, Sennen no yuraku («Mil anos de prazer», sem tradução em português, mas disponível em inglês, francês e italiano), conta a história profundamente onírica de uma parteira que traz ao mundo «praticamente toda criança que nasce» da aldeia em que vive. É um vilarejo de párias, onde nascem rapazes belos e selvagens, dotados de alta voltagem erótica, violentos e transgressores, que morrem jovens. São mortes prematuras que se repetem num ciclo contínuo de reencarnação.

A protagonista é analfabeta, mas retém na memória «as vidas de todo tipo de pessoas» – esta é, para simplificar, uma história oral. Então qual é o sentido de registrar por escrito essa tradição oral, de transformá-la em livro? Não é uma contradição em termos? É o próprio Nakagami que insiste nas dualidades, em si contraditórias, e se pergunta a razão de certas incongruências. As pessoas nascem e morrem. São discriminadas, e ainda assim possuem uma beleza inefável. Na realidade, no Japão de hoje apenas o imperador e sua família não pertencem a nenhuma casta. Nakagami logra levar ao extremo sua visão e construir um sonho «milenário». Um filme baseado no livro, dirigido por Kōji Wakamatsu, foi lançado em 2012 e recebeu em inglês o título *The Millennial Rapture*.

O FILME
**TYPHOON CLUB
(TAIFŪ KURABU)**
Shinji Sōmai
1985

A adolescência é a mesma no mundo todo? Como o público estrangeiro recebe um filme sobre adolescentes japoneses? Para dizer a verdade, não consigo realmente imaginar. O que posso dizer é que para o japonês médio a adolescência é um período que precede uma série de explosões: a descoberta do sexo, a consciência da morte e tudo o mais. Este filme, dirigido por Shinji Sōmai, é uma verdadeira maravilha – e é absolutamente convincente em sua representação da adolescência como a fase em que, «embora sem ainda ter tido contato com o sexo ou a morte, se está mais diretamente em contato com a essência dessas coisas». É sobretudo uma idade que se dissolve e não volta mais, que contempla um sentido de perda e desorientação talvez mais intenso e dramático do que o sexo ou a morte. Os protagonistas estão no ensino fundamental, têm entre catorze e quinze anos. Vivem em uma área um tanto ou quanto provinciana, um pouco afastada de Tóquio, a partir da qual vemos o contraste entre a maior metrópole do Japão e as regiões agrícolas de intermináveis campos que a cercam. Esse contraste vem junto com aquele entre a infantilidade que se tolera em alguém nos primeiros anos da adolescência e a maturidade que se julga ter dos quinze anos em diante. Alguns personagens têm problemas em casa; outros sofrem de amor ou de bullying, e todos se ressentem da notável ausência de adultos que lhes poderiam servir de modelo. E, naquele outono em que se desenrola a ação, um tufão violento assola o arquipélago japonês. Um desastre natural que se revela tanto uma tragédia como uma força libertadora. Toda tragédia traz consigo uma salvação, um pouco de luz. Os personagens perdem o controle, agem sem refletir e alguns cruzam um limite de onde não há volta. *Tiphoon club* é um filme de rara intensidade, perturbador e profundo, daqueles dos quais ninguém sai indiferente.

O DISCO
UNIVERSAL INVADER
Newest Model
1992

Caracterizado por uma sociedade classista e discriminatória, com frequência lembrado como o país dos samurais, ao Japão sempre faltou uma sensibilidade à diversidade e mistura de vários elementos. E isso se deve a vários fatores, como a preservação do sistema imperial, a existência de áreas e comunidades discriminadas e, não menos importante, a época atual, que gera crise e confusão entre os jovens. Isso significa, então, que não haveria uma saída? Não, não é bem assim. E, entre outros, a Newest Model – que durou de 1985 a 1993 – surgiu para nos mostrar o contrário. O termo japonês para crossover rock – que costumava se referir ao rock combinado a outros gêneros – descreve perfeitamente a música dessa banda seminal.

E, com *Universal Invader*, seu último disco, eles realmente conseguiram misturar tudo. Até aquele momento, os músicos pop e rock se serviam do inglês com o intuito de se comunicar mais globalmente, mas aqui, logo na faixa de abertura, as letras são cantadas em inglês e em japonês, intercalando as duas. Do ponto de vista musical, o álbum é puro «monster rock», um concentrado de vários estilos e gêneros, um puzzle caleidoscópico de timbres, coloraturas e melodias. Um sopro de frescor e novidade. *Universal Invader* representa o ápice insuperável da banda, que não à toa se dissolveu no dia seguinte ao lançamento do disco.

Um autor recomenda 187

Uma playlist

Ouça esta playlist em:
open.spotify.com/user/iperborea

HIDEO FURUKAWA

Não faço ideia da popularidade da música pop japonesa em outros países, mas meu palpite é que é improvável que as canções e os artistas nessa playlist sejam conhecidos «extramuros». Em geral são expoentes do mundo underground, artistas de vanguarda que pouco têm a ver com o grande público. Anticonformistas, rejeitam a estandardização e acreditam numa proposta original, inovadora. Artistas caracterizados por um espírito singular, capazes de ir direto ao âmago do ouvinte e ali deixar uma pequena marca. É claro, há exceções a essa regra. Yōsui Inoue, por exemplo, é um verdadeiro divo do pop japonês, autor de canções de grande sucesso, e os Asian Kung-Fu Generation, que hoje contam com inúmeros imitadores, continuam a ser os precursores do rock japonês. E no entanto, como procurei mostrar nesta lista, existem muitos outros músicos e muitas outras bandas. Diversos entre si, mas que compartilham um elemento comum: a capacidade e o mérito de ter contribuído para mudar nosso panorama anímico, de todos nós que as ouvimos no Japão. Os verdadeiros inovadores são eles, aqueles que conseguem revolucionar nossos horizontes.

1
Newest Model
«Chishiki o ete, kokoro o hiraki, jitensha ni nore!»
1991

2
Friction
«Replicant Walk»
1988

3
Number Girl
«Teppū, surudoku natte»
2003

4
Tha Blue Herb
«Phase 3»
2007

5
Nakamura Kazuyoshi
«Inu to neko»
1997

6
Yura Yura Teikoku
«Yura yura teikoku de kangaechū»
2001

7
Asian Kung-Fu Generation
«Love Song of New Century»
2010

8
Endō Michirō
«Okāsan, iikagen anata no kao wa wasurete shimaimashita»
1984

9
Supercar
«Strobolights»
2001

10
Inoue Yōsui
«Kōri no sekai»
1973

11
Quruli
«Tokyo»
1998

12
Clammbon
«Surround»
2001

Leitura complementar

FICÇÃO

Hideo Furukawa
Slow Boat [em inglês]
Pushkin Press, 2017

Mitsuyo Kakuta
The Woman on the Other Shore [em inglês]
Kodansha International, 2007

Seichō Matsumoto
A Quiet Place [em inglês]
Bitter Lemon Press, 2016

Teru Miyamoto
Inhabitation [em inglês]
Counterpoint Press, 2019

Ōgai Mori
O ganso selvgem
Tessitura, 2010

Haruki Murakami
1Q84: Livros 1, 2 e 3
Alfaguara, 2012

Ryū Murakami
Coin Locker Babies [em inglês]
Pushkin Press, 2013

Murata Sayaka
Uma questão de conveniência
Dom Quixote, 2019

Yōko Ogawa
A fórmula preferida do professor
Estação Liberdade, 2017

Shūichi Yoshida
Villain [em inglês]
Vintage, 2011

Banana Yoshimoto
Asleep [em inglês]
Faber and Faber, 2001 (UK)/
Grove Press, 2001 (EUA)

NÃO FICÇÃO

Ian Buruma
A Japanese Mirror [em inglês]
Atlantic Books, 2012

Will Ferguson
De carona com Buda
Companhia das Letras, 2007

Matt Goulding
Rice, Noodle, Fish: Deep Travels Through Japan's Food Culture [em inglês]
Hardie Grant Books, 2016 (UK) / Harper Wave/Anthony Bourdain, 2015 (EUA)

Christopher Harding
Japan Story: In Search of a Nation, 1850 to the Present [em inglês]
Allen Lane, 2018

Igort
Japanese Notebooks [em inglês]
Chronicle Books, 2017

Alex Kerr
Lost Japan: Last Glimpse of Beautiful Japan [em inglês]
Penguin, 2015

Léna Mauger com Stéphane Remael
The Vanished: The ‹Evaporated People of Japan› [em inglês]
Skyhorse Publishing, 2016

Richard Lloyd Parry
Devoradores de sombras
Três Estrelas, 2015

Susan Napier
Miyazakiworld: A Life in Art [em inglês]
Yale University Press, 2018

MANGÁS

Yūsuke Murata
One-Punch Man
Panini, 2016 em diante

Satoru Noda
Golden Kamuy
Panini, 2019 em diante

Eiichirō Oda
One Piece
Panini, 2011 em diante

Jirō Taniguchi
A Distant Neighborhood [em inglês]
Fanfare, 2016

Yoshihiro Tatsumi
A Drifting Life [em inglês]
Drawn and Quarterly, 2009

Kazuto Tatsuta
Ichi-F: A Worker's Graphic Memoir of the Fukushima Nuclear Power Plant [em inglês]
Kodansha Comics, 2017

Osamu Tezuka
Adolf – Partes 1 a 5
Conrad, 2006 e 2007

Naoki Urasawa
20th Century Boys
Panini, 2012 em diante

Leitura complementar

The Passenger – Japão
1ª edição

Edição em português
© Editora Âyiné, 2021
Praça Carlos Chagas, 49 – 2º andar
30170-140 Belo Horizonte – MG
+55 31 3291-4164
www.ayine.com.br | info@ayine.com.br

Tradução: Érika Nogueira Vieira
Edição: Maria Emilia Bender
Preparação: Juliana Amato
Revisão: Andrea Stahel, Mariana Delfini
Diagramação: Rita Davis, Luísa Rabello
ISBN 978-65-86683-59-2
Impresso pela Rona Editora

Editora Âyiné
Belo Horizonte, Veneza
Direção editorial: Pedro Fonseca
Assistência editorial: Érika Nogueira Vieira, Luísa Rabello
Produção editorial: André Bezamat, Rita Davis
Conselho editorial: Lucas Mendes,
Simone Cristoforetti, Zuane Fabbris

Edição original
The Passenger – Giappone
© Iperborea S.r.l., Milán, 2018
Publicado em acordo com
Casanovas & Lynch Literary Agency

Design gráfico e direção de arte: Tomo Tomo e Pietro Buffa
Fotografias: Laura Liverani
O conteúdo fotográfico é de curadoria da Prospekt Photographers
Ilustrações: Edoardo Massa
Infográficos e cartografia: Pietro Buffa
Agradecimentos a: Giorgio Amitrano, Matteo Battarra, Alessandro
Borini, Gianluca Coci, Giacomo Donati, Gala Maria Follaco, Fukuda
Toshihiko, Flavia Fulco, Federica Lippi, Tania Palmieri, Francesca
Pellicciari, Matilde Presotto, Cristina Rendina, Sekiguchi Ryōko,
Yonemura Fumiko.

Todos os direitos reservados. Não está permitida a reprodução total ou parcial
deste livro, nem sua transmissão em qualquer forma ou por qualquer meio,
seja este eletrônico, mecânico, por fotocópia, gravação ou outros meios, sem
a prévia autorização da editora. A infração dos direitos mencionados poderá
constituir delito contra a propriedade intelectual.

Os fantasmas do Tsunami
© Richard Lloyd Parry, 2014
Publicado pela primeira vez na
London Review of Books
Reproduzido com permissão
do autor c/o Rogers, Coleridge
& White Ltd, 20 Powis Mews,
Londres, W11 1JN, UK

As mulheres «faça-você-mesma»
© Sekiguchi Ryōko, 2018

*A (não mais tão) secreta seita
que governa o Japão*
© Jake Adelstein, 2018

*Por que não há populismo
no Japão*
© Ian Buruma, 2018

Um simples obrigada
© Yoshimoto Banana, 2013
Publicado pela primeira vez
em *Shimokitazawa ni tsuite*

O declínio do desejo
© Murakami Ryū, 2010

Sobre ursos e homens
© Cesare Alemanni, 2018

Viver como um japonês
© Brian Phillips, 2014

Sweet Bitter Blues
© Amanda Petrusich, 2016
Publicado pela primeira vez
em *Oxford American magazine*,
2016

Assunto de família
© Giorgio Amitrano, 2018

Os evaporados
© Léna Mauger, 2009